한국어 말소리의 이해

한국어 말소리의 이해

초 판 인 쇄　2021년 06월 29일
초 판 발 행　2021년 07월 05일

저　　　　자　박덕유
발　 행　 인　윤석현
발　 행　 처　박문사
책 임 편 집　최인노
등 록 번 호　제2009-11호

우 편 주 소　서울시 도봉구 우이천로 353
대 표 전 화　02) 992 / 3253
전　　　　송　02) 991 / 1285
홈 페 이 지　http://jncbms.co.kr
전 자 우 편　bakmunsa@hanmail.net

ⓒ 박덕유 2021 Printed in KOREA.

ISBN 979-11-89292-83-6　13700　　　　　　　정가 17,000원

한국어 말소리의 이해

박 덕 유

박문사

머리말

 외국인을 위한 한국어교육에서 가장 기본적이고 체계적으로 학습해야 할 내용이 한국어 말소리의 이해다. 한국어 의사소통 중에 그 시작은 말하기이며 결과물은 주로 쓰기로 나타난다. 이에 말하기의 정확성과 유창성이 중요한데 그 기저는 발음교육이다. 발음교육은 한국어 발음의 특성을 이해해야 효율적으로 학습할 수 있다. 자음동화, 모음동화, 구개음화, 종성 규칙 등 문법적인 지식을 암기하는 것이 아니라 한국인들이 왜 그렇게 발음을 하는지 원리를 학습하도록 지도해야 한다. 이에 본서는 한국어 말소리인 음운론에 대해 체계적으로 학습하도록 총 9장으로 구성하였다.

 우선 제1장 <한국어 음성학과 음운론>에서는 말소리의 유사한 용어인 음성학과 음운론의 개념과 특성에 대해 기술하였다. 음성학이 소리에 대한 정적(static)인 학문이며 과학적인 기술의 분류인 반면에, 음운론은 동적dynamic)인 학문이며 소리의 체계와 기능의 분류이다. 제2장에서는 <한국어 음운론의 개념과 특질>을 기술하였다. 특히 훈민정음의 초성, 중성, 종성의 제자원리에 대해 기술하였다. 현대 한국어의 말소리는 15세기 훈민정음 창제로 비로소 구체적으로 고찰할 수 있기 때문이다. 제3장은 <한국어의 음운 체계>에 대해 기술하였다. 자음의 경우 조음 위치와 방법, 모음의 경우는 혀의 전후 위치와 높낮이, 그리고 입술 모양 등을 통해 발음원리를 이해할 수 있다. 다음으로 외국인 학습자를 위해 한국어와 영어, 한국어와 중국어, 한국어와 베트남어, 한국어와 몽골어, 한국어와 태국어, 한국어와 우즈벡어, 한국어와 터키어 자음체계의 공통점과 차이점을 비교 고찰하였다. 제4장은 <한국어의 운소>이다. 운소는 단어의 의미를 분화하는 데 관여하는 음소 이외의 운율적 특징으로 소리의 높낮이, 길이, 세기, 그리고 문중연접과 문말연접 등의 고찰이 필요하다. 제5장 <한국어의 음절>에서는 명음도(sonority)가 높은 음절 주음이 되는 모음을 중심으로 음절의 구조와 특성에 대해 기술하였다. 제6장은 <한국어의 음운 규칙>으로 본서에서는 크게 동화와 비동화로 분류하고, 동화의 경우 자음동화(비음화, 유음화), 자음·모음간 동화(구개음화), 모음동화(모음조화, ㅣ모음동화), 비동화의 경우 받침 규칙, 축약, 탈락, 첨가, 이화, 음운도치 등에 대해 기술하였다. 제7장은 <한국어의 변별 자질>로 어떤 음성요소가 다른 음성요소로부터 구별하는 데 필요한 음운상의 특징인 변별자질의 개념과 주요 변별자질에 대해, 그리고 이를 활용하여 한국어의 동화과정을 구체적으로 기술하였다. 제8장은 <한국어의 형태음운론>으로 형태 및 이형태의 개념과 특징, 형태음소의 개념과 특징, 용언의 활용에 대해 기술하였다. 그리고 제9장은 <한국어의 표준발음법>으로 그 규정과 이에 대한 해설을 기술하였다.

　본서는 한국어 음운론, 즉 말소리의 개념과 특성을 체계적으로 이해하고 학습하여 한국어 의사소통 능력을 함양하도록 구성하여 한국어 학습자는 물론 한국어 교원들에게도 지침서가 될 것으로 기대한다. 본서가 발간되기까지 도와준 여러분들, 그리고 박문사 사장님과 편집위원 여러분께 고마움을 전한다.

2021년 4월
박덕유

차례

제1장

한국어 음성학과 음운론

한국어 말소리의 이해

의사소통에 사용되는 분절된 소리를 언어음이라 하고, 이 언어음을 연구하는 것을 음성학이라 한다. 음성학(phonetics)은 음운론과 유사한 것으로 사람의 음성기관을 움직여서 내는 구체적인 소리를 다루는 반면에 음운론은 음성모형과 음운 체계를 연구한다. 예를 들어 '가구'라는 말에서 음소문자인 /ㄱ+ㅏ+ㄱ+ㅜ/와 음성기관에서 나오는 구체적인 소리 '[kagu]'의 대응을 보면 동일한 자음 음소 '/ㄱ/:/ㄱ/'이 음성으로 '[k](무성음) : [g](유성음)'으로 발음된다. 이에 전자인 동일한 음소 /ㄱ/은 음운론 범주에 속하며, 음성 '[k](무성음) : [g](유성음)'는 음성학 범주에 속한다. 음운론은 조음기관의 움직임을 연구하는 조음음성학으로 음성학의 한 유형일 수 있다.

음성학과 음운론은 모두 언어음인 말소리를 대상으로 연구하는 공통점이 있으며 그 차이점은 다음과 같다.[1]

	음성학	음운론
연구 방면	언어음(말소리)의 기술 및 분류	음성 체계 및 음성 과정 기술
연구 분야	음성의 물리적 성질과 조음의 발생면 연구	관념적이고 추상적인 성질과 음성의 조음 위치 연구, 음소 체계 등 분석적 연구
최소 단위	음성(phone)	음소(phoneme)
언어학의 단계	전단언어학(prelinguistics)	소언어학(microlinguistics)

---

1 이철수(1997:14) 참조.

1.1. 음성학의 개념과 유형

1.1.1. 음성학의 개념

음성학은 언어학의 한 분야로 언어학에서 차지하는 비중이 매우 크다. 음성학(phonetics)은 음운론(phonology)과 유사한데, 음성학이 소리에 대한 정적(靜寂, static)인 학문이라면 음운론은 동적(動的, dynamic)인 학문이다. 그리고 음성학이 소리에 대한 과학적 기술의 분류인 반면에, 음운론은 소리의 체계와 기능의 분류이다. 또한, 음성학이 소리의 존재에 대한 학문이라면, 음운론은 소리의 행위에 대한 학문이다.

인간이 낼 수 있는 수많은 종류의 소리 중에서 언어에 이용되는 소리를 언어음(speech sounds)이라 하고, 이 언어음을 연구하는 것을 음성학이라 한다. 음성학에서는 소리가 어떻게 나오며 어떻게 음파를 타고 전달되고 어떻게 지각되는지 언어음의 특성에 대한 일반적인 연구를 다룬다. 따라서 이는 음소의 구현으로서의 음성을 대상으로 하여 음성을 기술하고 분류하는 분야로서 음성모형과 음운체를 연구하는 음운론(phonology)과 구별된다. 음성언어는 말소리, 즉 사람의 음성기관을 움직여서 내는 언어음(speech sound)으로 이루어진다.

1.1.2. 음성학의 유형

말소리는 여러 가지 방법으로 분석 기술된다. 발생적 방면으로 화자가 소리내는 조음기관의 움직임을 연구하는 조음음성학과 음향적 방면에서 음파(소리를 전파 매개)의 성질을 연구하는 음향음성학, 그리고 청취자의 입장에서 귀로 감지하는 음성을 고찰하는 청취음성학 등 여러 측면에서 말소리를 기술할 수 있다.

(1) 청취음성학

청자의 귀로 감지하는 음성을 고찰하는 것을 청취음성학(auditory phonetics)이라 한다. 청자에게 어떤 음성은 크게 들리고 또 어떤 음성은 작게 들린다. 그리고 어떤 소리가 아무리 개인의 귀에 거세게 들렸다 해도, 그것이 다른 사람의 귀에는 전혀 다르게 들릴 수도 있다. 이와 같이 청자가 느끼는 청각인상에 근거하여 말소리를 기술하는 일은 마치 식물학자가 색깔과 냄새에 의하여 꽃과 나무를 판별하는 것과 같이 객관적이고 과학적인 면이 결여되어 있다. 더구나 청자의 관점에서 말소리를 연구한다면 말소리의 특성을 확인하는데 필요한 객관적 기준이 없으므로 청자의 주관으로 좌우되기 쉽다. 따라서 음성의 물리적 성질을 과학적으로 규명할 수 없다는 단점이 있다.

(2) 음향음성학

공기 중의 진동으로서의 음성의 파형(波形)을 연구 대상으로 하는 음성학을 음향음성학(acoustic phonetics)이라 한다. 음성 자체의 물리적 구조를 살피고, 그 음파의 특성을 물리 기계의 도움으로 분석 기술한다. 지금까지 가장 많이 쓰이는 기록계로서 음파기록기(kymograph), 진동기록기(oscillograph), 음향스펙트럼 분석기, 오실

로스코프(oscilloscope) 등이 있다. 특히 음향스펙트럼 분석기는 물리 현상으로서의 음파를 진동수, 진폭, 스펙트럼 분포 등 3가지 측면에서 관찰할 수 있다. 귀로만 들어서 아는 청각인상만으로는 음성의 물리적 성격을 정확히 규명할 수 없으므로 음향음성학에서는 이들을 기계로 측정 처리하여 보다 더 정확하고 수량화된 음성학을 시도하는 것이다.

(3) 조음음성학

음성기관의 움직임을 생리적으로 연구하는 음성학을 조음음성학 (articulatory phonetics) 또는 생리음성학(physiological phonetics)이라 한다. 말소리가 음성기관을 어떻게 사용해서 만들어지는가를 기술하고, 그 음성의 분류를 위한 기틀을 제공한다. 즉, 화자가 발음할 때의 음성기관의 움직임을 연구하고, 이것에 근거하여 말소리가 어떻게 산출되느냐에 따라 언어음을 정의하고 분류한다. 예를 들면, '달'의 '르[l]' 음은 "혀의 앞부분을 윗잇몸에 대어 소리를 내되 성대를 울리는 유성음으로 공기의 흐름을 혀의 양 옆으로 흘려 보내면서 나는 소리이다."와 같이 분석한다.

1.2. 여러 가지 음성 유형

(1) 음성

음성(speech sound)이란 사람의 음성기관을 통해서 산출되어 실제 말에 쓰이는 말소리이다. 경우에 따라서 음성은 목소리의 음자체를 나타낼 때도 있으나, 언어학에서 말하는 음성은 목소리가 아닌 구체적인 언어음을 의미한다. 일정한 정보 내용과 결부된 언어음은 분절성을 특징으로 한다. 어느 때 어느 곳에서 구체적으로 실현된 어떤 한 사람의 음성을 구체음성이라 하며, 이러한 음성들 사이의 공통된 요소, 즉 변별적 가치에 중점을 둘 때, 이를 추상음성이라 한다. 예를 들어 '고기[kogl]', '바보[pabo]', '다도[tado]'에서 둘째 음절 /ㄱ, ㅂ, ㄷ/은 모음과 모음 사이에서 유성음([g, b, d])이 된다. 이에 유성음을 추상음성이라 하고, [g], [b], [d]를 구체음성이라 한다.

(2) 모음 · 자음

음성은 조음기관의 활동에 의하여 구분되며, 호기 통로의 장애의 정도에 따라 모음과 자음으로 크게 나뉜다. 기류가 구강통로에서 폐쇄나 마찰에 의한 장애를 받지 않고 산출되는 공명음을 모음(vowel)이라 하고, 구강의 어느 부위 또는 성문을 폐쇄하거나 좁혀서 산출하는 소리를 자음(consonant)이라 한다.

(3) 유성음 · 무성음

음성은 성대진동, 즉 聲(voive)의 유무에 따라 유성음과 무성음으로 나뉜다. 성대를 진동시킴으로써 발음되는 소리, 곧 성대 진동을 동반하여 산출되는 소리를 유성음(voiced)이라 하고, 유성음과는 달리 성대 진동을 동반하지 않는 소리를 무성음(voiceless)이라 한다. 예를 들면 국어의 모든 모음과, 자음 중 /ㄴ, ㄹ, ㅁ, ㅇ/ 등이나 영어의 /b, d, g/ 등은 유성음이고, 국어에서 /ㄴ, ㄹ, ㅁ, ㅇ/을 제외한 모든 자음은 무성음이다. 유성음은 성대 진동을 동반하므로 모든 모음은 입안에서 나는 소리로 입을 닫지 않고 열려진 상태에서 발음되는 소리이므로 자음에 비해 발음하기가 편하다. 그리고 자음 중 /ㅁ, ㄴ, ㅇ, ㄹ/은 성대 진동을 동반하여 입안이나 코가 열려진 상태에서 발음되므로 다른 자음에 비해 발음하기가 편하다. /ㅁ, ㄴ, ㅇ/은 코를 통해 나오는 소리이고, /ㄹ/은 입을 통해 산출되는 소리이다.

(4) 구음 · 비음

음성은 호기(呼氣, 날숨)가 입안으로 향하느냐 코안으로 향하느냐에 따라 구음(구강음)과 비음(비강음)으로 나뉜다. 연구개(velum, 라틴어로 '돛'의 뜻)를 올려서 비강을 차단하고 구강쪽으로 기류를 향하게 하여 산출되는 소리를 구음 또는 구강음(orals)이라 하고, 연구개를 아래로 내려서 기류 전체 혹은 일부를 코로 통하게 하여 비강에서 공명하여 산출되는 소리를 비음 또는 비강음(nasals)이라 한다. 한국어의 모음은 모두 구음이고, 자음 중 /ㅁ, ㄴ, ㅇ/은 비음이며 나머지 자음은 구음이다.

(5) 지속음 · 비지속음

또한 호기를 완전히 차단하느냐, 혹은 부분적으로 차단하느냐에 따라 조음시의 소요되는 시간이 달라져 지속음과 중단음으로 발음된다. 발화할 때 기류가 완전히 막히지 않거나 부분적으로 막혀서 내는 소리를 지속음(continuant)이라 하고, 완전히 차단하여 내는 소리를 비지속음 또는 중단음(interrupted)이라 한다. 기류가 음성기관에서 방해를 받는 정도에 따라 자음적인 말소리와 모음적인 말소리로 나뉜다. 다음은 조음연속도(continuum of articulation)로 그 차례를 보인 것이다.

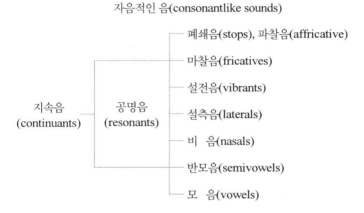

자음적인 음(consonantlike sounds)

지속음
(continuants)

공명음
(resonants)

폐쇄음(stops), 파찰음(affricative)

마찰음(fricatives)

설전음(vibrants)

설측음(laterals)

비 음(nasals)

반모음(semivowels)

모 음(vowels)

모음적인 음(vowellike sounds)

(6) 저지음 · 공명음

조음방법에 따른 분류의 하나로서 폐쇄의 정도와 비강에서 나는 공명과 같은 소리의 변화에 따라 저지음과 공명음으로 나뉜다. 저지음(obstruents)은 공기의 흐름을 폐쇄하거나 좁혀서 저지함으로써 산출되는 폐쇄음(파열음), 파찰음, 마찰음 등을 말한다. 공명음(resonants)은 성도(聲道)를 저지하지 아니하고 성도의 모양을 변형함으로써 산출되는 비음, 설측음, 설전음, 반모음, 모음 등을 말한다. 즉, 성대를 떨게 한 공기가 구강이나 비강으로 흘러 나갈 때 기류를 저지하지 아니하고 열려진 상태로 산출되는 소리이다.

(7) 성절음 · 비성절음

성절음이란 음절을 이루는 데 반드시 필요한 음운으로 '아이', '고구마', '성공' 등에서처럼 음절을 이루는 핵심인 모음 분절음을 성절음(成節音, syllabics)이라 하고, 자음과 같이 음절을 이루지 못하는 분절음을 비성절음(unsy-llabics)이라 한다. 성절음을 이루는 가장 일반적인 것은 모음이지만, 영어와 같은 일부 개별언어에는 성절자음도 있다. 그러나 한국어에는 모음만이 성절음이고 자음과 반모음인 'ㅣ [j], ㅗ/ㅜ[w]'은 비성절음이다.[2]

1.3. 음성기관

음성을 발음해 내는 인체의 모든 기관을 음성기관(organs of speech)이라고 한다. 음성기관은 크게 3부위로 나뉘는데, 공기를 움직이게 하는 발동부(initiator)와 소리를 발성해 내는 발성부(vocalizator), 그리고 발성된 소리를 고루는 조음부(articulator) 등이 있다.

(1) 음성기관

음성기관을 발음기관이라고도 한다. 크게 발동부, 발성부, 조음부로 나뉜다.

---

[2] 반모음은 이중모음을 만드는 음운이지만 단독으로 음절을 이루지 못하고 '야(j+a), 요(j+o)', '와(w+a), 웨(w+e)' 등처럼 반드시 단모음과 결합해야만 하나의 음절을 이룬다.

```
         ┌─ 발동부: 공기를 움직이게 하는 부분(폐,후두, 후부구강)
         │
음성기관 ─┼─ 발성부: 소리를 발성하는 부분(성대)
         │
         └─ 조음부: 발성된 소리를 조음하는 부분(구강, 비강)
```

❘ 발음기관(The Organs of Speech) ❘

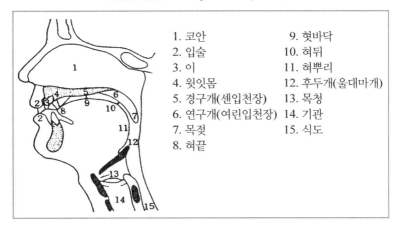

1. 코안   9. 혓바닥
2. 입술   10. 혀뒤
3. 이   11. 혀뿌리
4. 윗잇몸   12. 후두개(울대마개)
5. 경구개(센입천장) 13. 목청
6. 연구개(여린입천장) 14. 기관
7. 목젖   15. 식도
8. 혀끝

(2) 조음부

성대에서 발성된 소리를 조음하는 입안(구강)과 코안(비강)을 조음부(articulator)라고 한다. 조음부에는 고정부와 능동부가 있다. 윗입술, 윗잇몸(치조)·경구개, 연구개 등은 전자에 속하고, 아랫입술, 혀끝(설단), 혓바닥(설면), 혀뿌리(설근) 등은 후자에 속한다. 고정부는 조음기관에서 가장 큰 수축이 일어나는 조음위치를 나타내므로 조음점(point of articulation)이라 하고, 능동부는 호기를 막거나 소리를 달라지게 하는 데 사용하는 조음기관이므로 조음부(articulator)라 하여 구별하기도 한다.

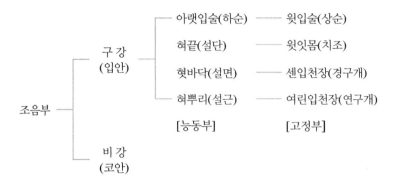

1.4. 음성기호와 음성전사 방법

우리가 말소리에 관하여 기술하려면 어떻게든지 이 말소리를 기록해서 표시해야 한다. 우리가 문자를 사용하는 사회의 구성원으로서 문자언어를 가지고 음성언어를 이해하는 데 익숙해 있지만, 알파벳 자모만으로 이 여러 말소리를 구별해서 표시하기는 매우 어려운 일이다. 문자 /b/나 /m/을 [b], [m]으로 표시할 수 있는 몇 가지 경우를 제외하고는 1자 1음 표시가 곤란한 경우가 많다. 예를 들면, 영어 철자 /a/는 'name[neim], man[mæn], father[fáːðər], fall[fɔ:l], may[mei], alone [əlóun]' 등의 단어에서와 같이 단어마다 달리 발음한다. 심지어는 'pot'의 /o/를 미국의 영어 화자들은 'father'의 /a/ 모음과 같이 발음한다. 한국어의 예로 '어머니'[ʌmʌɲi]의 '어'와 '어른'[əːrɯn]의 '어'는 철자는 같지만 발음은 다르다. 이와 같이 전통적인 철자법은 분명히 한정적이기 때문에 말소리를 기록할 객관적인 별도의 체계를 필요로 하게 되는 것이다.

국제음성학회는 1886년 음성기호 체계의 필요성을 인정하고, 여러 해에 걸쳐 모든 개별언어의 음성을 망라하여 표기할 수 있는 국제음성기호(IPA)를 만들었다.

1) 음성기호

음성 하나하나에 일정한 기호를 부여하여, 언제 어디서나 일정하게 이를 표기할 수 있게 한 자모를 음성기호 또는 음성자모(phonetic symbol, phonetic alphabet)라고 이른다. 음성기호는 음성자모라고 하는 특별한 기호로 나타내는데, 음성기호를 [ ]으로 묶어 표시한다. 예를 들면 '사람'의 발음기호는 [sa:ram]이다. 이와는 달리 음소기호(phonemic symbol)는 겹사선(/ /)을 하여 구별 표시한다.

2) 음성전사 방법

(1) 간략표기

간략표기(broad transcription)의 특징을 항목별로 열거하면 다음과 같다. ① 실용적인 목적으로 명확히 구별되는 몇 개의 음성을 소수의 음성기호로 간단히 표기하는 방법이다. ② 한 음성에 하나의 음성기호를 배정하여 표기하는 것이 원칙이지만, 필요에 따라 한두 개의 보조기호를 사용할 수도 있다. ③ 존스(D. Jones)는 한 음소를 하나의 문자로 표시하는 것을 간략표기라 하고, 한 음소에 속하는 둘 또는 그 이상의 이음(異音)까지를 표시하는 것을 정밀표기라고 하였다. ④ 1음소 1표기주의 또는 음소표기(phonemic transcription)라고도 한다. ⑤ 이 명칭은 스위트(H. Sweet)의 Broad Romic에서 유래되었다. ⑥

음성기호는 간단하고 그 수가 적은 음성 전사법이다. 예를 들면 한국어의 /ㅂ/은 실제로 발음할 때 그것이 놓이는 음성환경에 따라 '배, 고비, 밥, 덮밥'의 발음은 [p, b, p', p'] 등의 이음으로 실현되는데, 이들을 모두 한 음소로 보아 /ㅂ/ 하나로만 적는 것은 간략표시의 한 예이다.

(2) 정밀표기

정밀표기(narrow transcription)의 특징을 항목별로 열거하면 다음과 같다. ① 각 음성간의 미세한 차이를 보조기호 등을 사용하여 표시하는 방법이다. ② 이음(異音, allophone)까지 자세하게 기록하는 표기법이므로 이음표기라고도 한다. ③ 그러므로 기호가 많고 보조기호를 많이 사용하는 좀 복잡한 표기방법이다. 예를 들면, 한국어의 /ㅂ/이 음성환경에 따라 실제로 발음되는 이음인 [p, b, p', pʰ, p'....] 등의 음을 각기 구별하여 적는 것은 정밀표기의 한 예에 속한다. 한국어의 '풀'의 /ㅍ/, 영어 단어 'pit'의 /p/음은 유기음(有氣音, aspiration)으로서 숨을 내쉬는 동작이 뒤따르는 소리이므로 [pʰ]나 [p']로 표시할 수 있고, 반면에 한국어의 '뿔'의 /ㅃ/, 영어 'spit'의 /p/음은 무기음(無氣音)으로서 후두긴장을 동반하므로 [p'] 또는 [p⁼]로 표기할 수 있다. 그리고 '입'의 /ㅂ/과 'lipstick'의 /p/음은 무기음이면서 기류가 막혀서 이루어지는 소리이므로 [p']로 표기할 수 있다. 이와 같은 표기는 일종의 정밀표기라 할 수 있다.

3) 보조기호

정밀표기에 사용되는 구별부호로서 기본적인 음성기호에 첨가하여 정밀 음가를 나타내는 보조적 구별기호를 보조기호(diacritical marks)라 한다. 일반적으로 자주 사용되는 보조기호의 예를 들면 다음과 같다.

[̥]	무성음표시	b̥, g̥
[̌]	유성음표시	s=z, ㅂ=b
[:]	장음표시	aː, 아ː
[˙]	고설화표시	e˙, 어˙ = [ə]
[¨]	중설화표시	ï = ɨ
[']	유기음(격음)표시	p' = pʰ
[']	후두긴장(경음)표시	p' = t'
[̑]	音節부음표시(半母音化)	i̯ = j, u̯ = w
[.]	닫힌음가표시	e = 닫힌 e
[<]	열린음가표시	e = 열린 e
[͡]	윗니조음표시	t = n
[']	내파음표시	p', t', k'

제2장

한국어 음운론의 개념과 특질

한국어 말소리의 이해

2.1. 한국어 음운론의 개념

음운론(音韻論, phonology)은 언어의 말소리인 음운을 대상으로 언어음(speech sounds)의 체계와 기능을 연구하고 음운의 역사적 변천을 연구하는 학문이다. 구조언어학에서는 음소론(音素論, phonemics)이라고도 하는데, 자음과 모음 등 음소(音素)만을 대상으로 하고 운소(韻素)를 다루지 아니한다는 점에서 협의적 명칭일 수 있지만 일반적으로 음운론과 동일한 명칭으로 사용된다. Sloat(1978:8)는 개별언어의 음성 유형(pattern)을 기술하고, 모든 음성 체계의 특징을 기술하는 데 음운론의 목표가 있다고 했다. 따라서 한국어의 음운론이란 한국어를 사용하는 모어 화자가 의사소통의 수단으로 사용하는 언어음의 체계와 기능을 연구하는 한국어학의 한 분야이며, 한국어 음운론의 목표는 한국어의 음성 유형을 기술하고, 그 음운 체계의 특성을 기술하는 데 있다.

개별언어에 따라 음성 유형이 다른데 이 음성모형(音聲模型, sound pattern)을 만드는 주된 요소인 자음과 모음이 언어사회마다 다르며, 음소 배열도 다르다. 즉 한국어는 '고기'(/ㄱ:/ㄱ/), '바보'(/ㅂ:/ㅂ/)처럼 무성과 유성에 따라 의미의 분화가 이루어지지 않지만 영어는 'pit(구멍) : bit(작은 조각)'처럼 무성과 유성에 따라 의미가 변별된다. 또한 한국어는 음절 어두에 '달 : 딸 : 탈'처럼 평음(ㄷ, 예사소리), 경음(ㄸ, 된소리), 격음(ㅌ, 거센소리)에 따라 의미가 다르지만 영어는 '/t : d/, /p : b/, /k : g/'처럼 무성음과 유성음에 따라 의미가 달라진다. 또한 한국어는 현대어에 '까, 또' 등처럼 어두에 서로 다른 자음(일종의 어두자음군)이 연속해서 오지 못하지만 영어에는 'star print' 등 서로 다른 자음(st, pr)이 연속해서 올 수 있다.[3]

한국어에서 '기, 끼, 달, 딸, 불, 뿔, 장, 짱' 등은 첫소리 'ㄱ, ㄲ, ㄷ, ㄸ, ㅂ, ㅃ, ㅈ, ㅉ' 에 의하여 서로 뜻이 다른 언어가 되고, '발 벌, 볼, 불' 등은 가운뎃소리 'ㅏ, ㅓ, ㅗ, ㅜ'에 의하여 뜻이 다른 단어가 된다. 이처럼 말의 뜻을 구별해 주는 기능을 가진 소리의 단위를 음운(音韻)이라 한다.[4] 음운의 특징은 ① 비슷한 음성군으로 기억되어 있는 관념적인 소리, ② 모든 사람이 같은 소리값으로 생각하는 추상적인 소리, ③ 문자로 나타낼 수 있는 역사적이며 전통적인 소리, ④ 뜻을 구별하여 주는 가장 작은 음성 단위(변별적 기능이 있음), ⑤ 일정한 음운 체계와 관계가 있는 소리 등을 들 수 있으며 음운학의 단위가 된다. 한국어의 음운에는 모음 21개(단모음 10개, 이중모음 11개), 자음 19개가 있다.

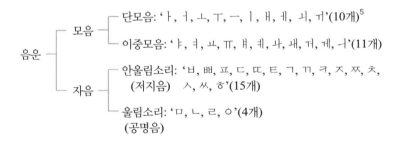

음운
- 모음
  - 단모음: 'ㅏ, ㅓ, ㅗ, ㅜ, ㅡ, ㅣ, ㅐ, ㅔ, ㅚ, ㅟ'(10개)[5]
  - 이중모음: 'ㅑ, ㅕ, ㅛ, ㅠ, ㅒ, ㅖ, ㅘ, ㅙ, ㅝ, ㅞ, ㅢ'(11개)
- 자음
  - 안울림소리: 'ㅂ, ㅃ, ㅍ, ㄷ, ㄸ, ㅌ, ㄱ, ㄲ, ㅋ, ㅈ, ㅉ, ㅊ, (저지음)   ㅅ, ㅆ, ㅎ'(15개)
  - 울림소리: 'ㅁ, ㄴ, ㄹ, ㅇ'(4개) (공명음)

---

3 한국어도 중세국어(15세기-16세기)에서는 '꿈(夢), 짜(地), 뜯(意), 쌀(米), 뜸 (틈, 隙), 삑(時)' 등처럼 어두자음군이 사용되었다.

4 음운(音韻)은 음소(音素)와 운소(韻素)의 결합으로 음소는 자음과 모음을, 운소는 음소 외에 의미의 변별을 하는 강세, 장단, 성조 등을 뜻한다.

2.2. 한국어의 음운 특질

한국어의 음운 특질은 우선, 음성모형을 만드는 요소인 음성목록 (音聲目錄, sound inventories)이 다르다. 영어에는 순치음(脣齒音, labiodentals)인 /f, v, Ɵ, ð/ 같은 음성목록이 있는데 국어에는 없으며, 중국어에는 권설음(捲舌音, retroflex)이 있는데 국어에는 없다. 그리고 국어 자음에는 음운상의 유성·무성의 대립이 없다. 둘째로 음절 구조가 다르다. 한국어에는 폐음절(閉音節)과 개음절(開音節)이 공존하는데, 현대 일본어와 중국어는 개음절이 주를 이룬다. 셋째로 음성들은 서로 다른 서열로 나타난다. 한국어의 자음은 삼지상관속(三肢相關束)을 갖는다. /ㄱ ㄲ ㅋ/, /ㄷ ㄸ ㅌ/, /ㅂ ㅃ ㅍ/, /ㅈ ㅉ ㅊ/ 처럼 예사소리, 된소리, 거센소리가 짝을 이루지만, 영어, 독일어, 프랑스어와 같은 서양어(영어)나 일본어는 '/k/-/g/, /t/-/d/, /p/-/b/, /ch/-/j/' 처럼 무성과 유성의 대립을 이룬다. 넷째, 개별언어에 따라 발화(發話)의 흐름, 즉 리듬(rhythm)이 다르다. 영어는 강세(强勢)·시간 리듬 (stress-timed rhythm)이고, 중국어는 고저(高低)·시간 리듬(pitchtimed rhythm)이지만, 현대 한국어는 음절(音節)·시간 리듬(syllable-timed rhythm)이다. 그러므로 운소(韻素, prosody)에 있어서 현대 한국어는 음장운소(音長韻素), 즉 소리의 길이가 말의 뜻을 구별하는 데 쓰인다. 다섯째, 한국어의 어두에는 자음 'ㅇ'은 절대 오지 못하며, 'ㄹ'이

---

5 'ㅟ'와 'ㅚ'를 학교문법에서는 단모음으로 보고 있으나 'ㅟ'와 'ㅚ'는 [wi], [we]로 이중모음으로 보는 학자들이 있다.

나 'ㄴ'은 어두에 제약을 받지만, 영어는 여러 개의 자음이 첫소리에 온다. 여섯째, 한국어에는 모음조화 현상이 있다. 양성모음인 'ㅏ, ㅗ'는 양성모음끼리, 음성모음인 'ㅓ, ㅜ, ㅡ'는 음성모음끼리 어울린다. 현대에 와서는 모음조화 현상이 발음의 강화 현상으로 많이 붕괴되었지만, 아직도 어미(-아/어; -았/었)와 음성상징어(의성어, 의태어)에는 철저한 편이다. 마지막으로 음절 끝 위치에 오는 파열음이 파열되지 않을 수 있다. 즉, 파열음이 음절 끝 위치에 올 때에는 터뜨림의 단계를 갖지 않고 닫힌 상태로 발음되는데, '밭'이 [받]으로, '꽃'이 [꼳]으로 발음되는 것은 이 때문이다.

2.3. 훈민정음의 제자원리

세종은 정음청을 궁중에 설치하여 집현전 학자들과 함께 백성을 사랑하는 애민정신과 실용정신에 입각하여 훈민정음을 만들었다.[6] 글자를 초성, 중성, 종성 등 삼분법으로 나누어 초성은 발음기관의 모양을 본떠 상형자의 기본자를 만들었고, 그 밖의 글자들은 기본자에 획을 더한 가획자와 이체자를 만들었다. 그리고 중성은 '하늘(天), 땅(地), 사람(人)을 본떠서 기본 3자(· ㅡ ㅣ)를 만들고, 나머지 글자

---

6 훈민정음(訓民正音)은 '백성을 가르치는 바른 소리'라는 뜻으로 1443년 12월 상순에 완성하여 1446년 6월 상순에 간행되었다. '한글'이란 명칭은 주시경 선생이 1926년 우리 글자의 보배로움과 민족의식을 강조한 데서 지은 이름으로 '하나인 글자, 위대한 글자' 등의 의미를 갖는다.

들은 서로 합하여 만들었으며(ㅗ, ㅏ, ㅜ, ㅓ, ㅛ, ㅑ, ㅠ, ㅕ), 종성은 초성을 그대로 사용하였다.

2.3.1. 초성(자음, 17자)

초성은 모두 17자로 발음기관의 모양을 본떠 상형자의 기본자(ㄱ, ㄴ, ㅁ, ㅅ, ㅇ)를 만들고, 그 밖의 글자들은 기본자에 획을 더한 가획자(ㅋ; ㄷ, ㅌ; ㅂ, ㅍ; ㅈ, ㅊ; ㆆ, ㅎ), 그리고 조음위치는 같지만 모양이 다른 이체자(ㆁ, ㄹ, ㅿ)를 만들었다.

❚ 훈민정음 초성 17자 체계 ❚

五音	象形(상형)	기본자	가획	이체
牙音(아음)	혀뿌리가 목구멍을 막는 꼴 (牙音象舌根閉喉之形)	ㄱ	ㅋ	ㆁ[ŋ]
舌音(설음)	혀가 윗잇몸에 붙는 꼴 (舌音象舌附上顎之形)	ㄴ	ㄷ, ㅌ	ㄹ(반설)
脣音(순음)	입의 꼴(脣音象口形)	ㅁ	ㅂ, ㅍ	
齒音(치음)	이의 꼴(齒音象齒形)	ㅅ	ㅈ, ㅊ	ㅿ[z](반치)
喉音(후음)	목구멍의 꼴(喉音象喉形)	ㅇ[ɦ]	ㆆ[ʔ], ㅎ	

* ㅇ[ɦ]: 성문마찰음　　* ㆆ[ʔ]: 성문폐쇄음

1) 소멸된 음운

(1) ㅇ[ɦ], ㅇ[∅]

중세국어 'ㅇ'(이응)은 두 가지 종류로 사용됨을 알 수 있다.

첫째는 어두음이 '아, 오'처럼 모음임을 나타내거나, 두 모음 간에 '오이', '에우다'(圍)처럼 음가 없는 'ㅇ[∅]'으로 하나의 음절이거나

두 모음이 각각 다른 음절임을 나타낸다. 이는 중세국어 주격조사가 받침 아래에 사용한 '이'(독립된 음절)와 같은 것으로 'ㅣ'(일종의 반모음 형식으로 앞의 음절에 붙여 씀)와는 구별된다.[7] 현대국어 '아, 어, 오, 우' 등 모음 앞에 사용하는 'ㅇ'은 음가 없는 'ㅇ[∅]'이다. 예를 들어 '사룸+이'는 3개 음절이고, '아이'는 2개 음절이다. 그런데 'ㅇ[∅]'이 없이 'ㅏㅣ'로만 적는다면 이는 단음절 'ㅐ'와 혼동될 수 있다.

둘째로 'ㅇ[ɦ]'은 자음 음소로 성문유성마찰음이다. 현대국어에서는 사용되지 않으나 중세국어에서는 다음과 같은 사례로 사용되었다.

　① 加강, 那낭, 此충

　② 알어늘, 믈와, 놀애, 몰애

　③ 이오, 소리오

우선 '加강 那낭, 此충' 등처럼 성음법(초성+중성+종성)에 의해 모음으로 끝나는 한자음 종성에 사용되었다. 모음으로 끝나는 한자음 받침에 사용되었으나 그 음가는 발음하기 어려웠다. 이는 동국정운식 한자음(중국 한자 원음에 가깝게 발음하기 위한 것)으로 세조 이

---

7 안병희 외(1990:58)에서는 <훈민정음> 해례 합자해의 "如孔子ㅣ魯ㅅ사룸 之類"에서 "孔子(공주)ㅣ'는 '공주'의 모음 다음 'ㅣ'에 'ㅇ'을 덧붙이지 않은 것은 'ㅣ'가 독립된 음절이 될 수 없고, 앞의 '子(주)'의 모음과 합하여 이중모음이 된다고 설명했다. 즉, '공주+ㅣ'는 '공지'로 'ㅣ'는 독립된 음절을 갖지 못한다. 모음으로 끝나는 경우 주격조사가 'ㅣ'로 사용돼 '나+ㅣ→ 내, 저+ㅣ→제'와 같이 쓰였다.

후 소멸되어 오늘날처럼 '加가, 那나, 此차'로 사용되었다. 그리고 '알거늘 → 알어늘, 믈과 → 믈와, 놀개 → 놀애, 몰개 → 몰애' 등처럼 받침 'ㄹ' 아래서 뒤에 오는 'ㄱ'이 유성음일 경우에 후음 자음인 'ㅇ[ɦ]'으로 바뀐다. 즉 'ㄱ[g]→ㅇ[ɦ]'의 변화된 음가(자음)이므로 받침 'ㄹ'을 연철시켜서 표기하지 않았다. 또한 '이고 → 이오, 소리고 → 소리오' 역시 'ㅣ' 모음 뒤 유성음 'ㄱ'은 후음 자음인 'ㅇ[ɦ]'으로 바뀐다. 즉 'ㄱ[g]→ㅇ[ɦ]'의 변화된 음가(자음)이므로 'ㅣ' 모음 뒤에 순행동화가 일어나지 않은 것이다. 이들 소리값이 음가 없는 'ㅇ[∅]' 이라면 '아러늘, 므롸, 노래, 모래'가 되어야 하고, '이요, 소리요'로 적어야 한다.[8]

참고 ㅇ[ŋ]. ㅇ[∅]

훈민정음 제자해에서 ㆁ(옛이응)의 음가를 '舌根閉喉聲氣出鼻 (설근폐후성기출비)'라고 해서 그 음가를 [ŋ]이라 하였다.[9] 중세국어의 'ㆁ'은 牙音(아음)의 이체자로 현대국어 연구개음의 'ㅇ'[ŋ] 과 같은 음가를 가지지만, '이어귀, 바올, 미드니잇가' 등처럼 초성에도 사용되었다. 또한 '此ㅊᅘ', '步ᅇᅢ'처럼 성음법(초성+중성+종성)에 의해 한자음 종성에 사용되었다. 'ㆁ'의 모양은 16세기 말부터 오늘날의 'ㅇ'으로 바뀌었으며 현대어에서는 '강, 공, 동' 등처럼 받침에만 사용되며 그 음가는 [ŋ]이다. 반면에 'ㅇ[∅]'은 불청

---

8 'ㅇ'은 자음 음가 '[ɦ]'음을 가진 음소이다. 선어말어미 '오/우'가 'ㅣ'나 반모음 [j] 뒤에서 '요/유'로 변해야 하는데, 그렇지 않은 것은 'ㅇ'이 하나의 자음 음소라는 것을 알려 준다.
9 姜信沆(1994:101-102) 참조.

불탁음으로 '아ᇹ, 爲윙ᇹ야'처럼 음가없이 어두음의 모음임을 표
시하였다.

(2) 'ㆆ'(여린 히읗)

'ㆆ'(여린 히읗)은 성문폐쇄음으로 우리말에서는 발음되지 않았
다. 이는 동국정운식 한자음의 표기를 위해 만들어진 것으로 보인다.
'ㆆ>ㅇ'으로 변천되다가 세조 때 소멸되었다.

① 동국정운식 한자음 표기에서 초성의 표기에 '흡흠, 安한'처럼
　　사용되었다.

② 사잇소리의 표기로 받침없는 한자음 다음에 쓰는 'ㅇ'과 안울
　　림소리 사이에 '虛헝ㆆ字쭝, 快쾡ㆆ字쭝' 처럼 쓰였으며, 고유
　　어인 '하ᇙᄠᅳᆮ'에서 사잇소리로 사용되었다.

③ 받침 'ㄹ'로 끝나는 한자음 뒤에 이영보래(以影補來)로 쓰였는
　　데 '戌슗, 彆볋' 등을 들 수 있다.

④ 우리말의 표기에서 관형사형 어미 'ㄹ'과 함께 쓰임으로 뒤에
　　오는 소리를 된소리로 만들어 주거나 소리를 끊어 읽는 절음부
　　호로 사용되었다. 즉, 된소리 부호인 '홇배, 자싫제, 누리싫제'
　　와 절음부호인 '홇노미, 도라옳군사' 등을 들 수 있다.

(3) 'ㅿ'(반치음, 여린 시옷)

'ㅿ'(반치음, 여린 시옷)은 치조유성마찰음으로 울림소리 사이에
서만 사용되다가 16세기 말부터 소멸되기 시작했다. 'ㅿ'은 13세기 이
후에 음가가 's>z'로 변천했고, 다시 16세기 말에 'z>∅'로 변천했다.

① 'ㅅ'에 대립되는 치조유성마찰음으로 '아ᅀᅡ(아우), 여ᅀᅳ(여우), ᄀᆞᅀᆞᆯ(가을), ᄆᆞᅀᆞᆯ(마을), ᄆᆞᅀᆞᆷ(마음)' 등을 들 수 있다.

② 'ㅅ'을 끝소리로 가진 체언에 조사가 연결된 경우로 'ᄀᆞᆺ(邊)애>ᄀᆞᅀᅢ, 엇(母)이>어ᅀᅵ' 등을 들 수 있다.

③ 'ㅅ' 받침으로 끝나는 불규칙 용언 어간에 모음의 어미가 연결된 경우로 '짓어>지ᅀᅥ(지어), 붓+어>브ᅀᅥ(부어)' 등을 들 수 있다.

④ 'ᄂᆞᆷᆯ'처럼 'ㅿ'이 울림소리 사이에서 사잇소리로 쓰였다.

⑤ 'ㅿ>ㅈ'의 특수한 변화를 갖는 경우로 '몸소>몸조(몸소), 손소>손조(손수)' 등을 들 수 있다.

(4) 'ㅸ'(순경음 ㅂ)

'ㅸ'은 순음인 'ㅂ'에 'ㅇ'을 연서한 문자로 울림 소리 사이에 쓰인 양순유성마찰음[β]이었으나 15세기 중엽(세조)에 단모음 '오/우'나 반모음(ㅗ/ㅜ[w])으로 변하였다. 즉, 'ㅂ>ㅸ>ㅗ/ㅜ'로 양성모음 앞에서는 'ㅗ', 음성모음 앞에서는 'ㅜ'로 변하였다.

① 'w+ᆞ>오, w+ᅳ>우'의 예로 '곱+ᆞ+니>고ᄫᆞ니>고오니', '덥+ᅳ+니>더ᄫᅳ니'>더우니(단모음 '오/우'로 변천)

② 'w+아>와, w+어>워'의 예로 '곱+아>고ᄫᅡ>고와', '덥+어>더ᄫᅥ>더워'(반모음 'ㅗ/ㅜ'로 변천)

③ 'w+이>이'의 예로 '곱+이>고ᄫᅵ>고이(곱게)', '쉽+이>쉬ᄫᅵ>수ᄫᅵ>수이>쉬(쉽게)'(음가 [∅]로 변천)

④ 'ㅂ>w>ㅇ[∅]>ㅂ'의 예로 '표범>표ᄫᅥᆷ>표웜>표엄>표범', '알밤>알ᄫᅡᆷ>알왐>알암>알밤' 등이 있다.

    '붕'의 음가는 신라와 고려시대에도 존재한 것으로 추정할 수 있다.『계림유사』에 '二日途字, 酒日酬字'이라 하여 '붕[ß]' 음가를 인정하였다. 즉, '이(二)'를 '두볼>두울>둘', '술(酒)'을 '수볼>수울>술'이라 하였다. 'ㅂ'이 울림소리 사이에서 '붕'으로 음가가 유성음화 되는 것을 세종은 알고 있었으며, 'ㅂ'이 유성음화 되는 것을 방지하기 위해 사잇소리를 만든 것이다. 예를 들어 '등블'의 경우, 'ㅂ'이 유성음화되어 '등볼>등울'로 음운변화 현상이 일어날 수 있어서 앞의 음절이 울림소리이면 '燈(등)ㄱ블>등ㅅ블'처럼 폐쇄음 사잇소리를 삽입시킴으로써 유성음화되는 것을 방지한 것이다.

    다음으로 초성 17자에 병서 문자인 'ㄲ, ㄸ, ㅃ, ㅆ, ㅉ, ㆅ' 6자를 더해 23자의 체계를 보이면 다음과 같다.[10]

---

10 후음의 'ㆆ, ㅇ'은 형식적인 자음이지 실질적인 자음이 아니며, 위 음운에 빠진 '붕'은 당시 훈민정음에 사용된 음운이다. 이는 동국정운식 한자음에 순경음을 채택하지 않았기에 제외된 것이다. 각 글자는 발음기관의 모양을 본떠서 만들었다(초성 17자 참조).

	全淸(전청)	次淸(차청)	全濁 (전탁)[11]	不淸不濁 (불청불탁)
	예사소리	거센소리	된소리	울림소리
牙音(엄쏘리)	ㄱ 君 군	ㅋ 快 쾡	ㄲ 虯 뀨	ㆁ 業 업
舌音(혀쏘리)	ㄷ 斗 둫	ㅌ 呑 튼	ㄸ 覃 땀	ㄴ 那 낭
脣音(입시울소리)	ㅂ 彆 별	ㅍ 漂 푱	ㅃ 步 뽕	ㅁ 彌 밍
齒音(니쏘리)	ㅈ 卽 즉	ㅊ 侵 침	ㅉ 慈 쫑	
	ㅅ 戌		ㅆ 邪 쌰	
喉音(목소리)	ㆆ 挹 흡	ㅎ 虛 헝	ㆅ 洪 홍	ㅇ 欲 욕
半舌音(반혀쏘리)				ㄹ 閭 령
半齒音(반니쏘리)				ㅿ 穰 샹

2) 병서(竝書)

병서는 자음을 가로로 나란히 쓰는 것으로 동일한 음운을 나란히 쓰는 각자병서(各自竝書)와 상이한 음운을 나란히 쓰는 합용병서(合用竝書)가 있다.

(1) 각자병서

'ㄲ, ㄸ, ㅃ, ㅉ, ㅆ, ㆅ, ㅇㅇ'는 각자병서한 글자로서, 현대의 된소리 글자와 모습이 같으나 그 음가를 갖지는 못하였다. '虯뀨(규), 覃땀

---

11 전탁음은 합용병서의 글자로 'ㄲ, ㄸ, ㅃ, ㅆ, ㅉ, ㆅ' 음운이다. 이는 오늘날처럼 된소리 음가로 사용된 것이 아니라, 중국 원음에 가깝게 표기된 것이다. 그리고 'ㄲ, ㄸ, ㅃ, ㅆ, ㅉ'은 각각 전청인 예사소리를 병서한 것이지만, 'ㆅ'은 예사소리의 병서가 아니라, 차청음인 거센소리의 병서이다.

(담), 步뽕(보), 慈쫑(자), 邪쌍(사)' 등 되소리 음가가 아니다. 실제로 우리나라 한자음에는 경음이 없었으며 고유어에도 각자병서의 된소리 음은 매우 제한적으로 사용되다가 圓覺經諺解(원각경언해, 1465) 이후에 합용병서로 바뀌었다.[12]

> 싸호느 한쇼룰 <용비어천가 9>
>
> 어울워 뚫디면 글봐쓰라 <훈민정음 언해>
>
> 니ㅅ소리>니쏘리(사이시옷과 다음에 오는 첫소리 'ㅅ'과 합하여 된소리로 사용됨)

(2) 합용병서

합용병서에는 'ㅅ'계인 'ㅺ, ㅼ, ㅽ, ㅾ', 'ㅂ'계인 'ㅂㄱ, ㅲ, ㅄ, ㅄ, ㅳ', 'ㅄ'계인 'ㅴ, ㅵ'이 있으며, 특수한 경우로 어두에 오는 'ㅿ'과 어말에 오는 'ㄺ, ㄳ' 등이 있었다.[13]

① 'ㅅ'系 : 꿈(夢), 짜(地), 뼈(骨), 쪽(쪽)

② 'ㅂ'系 : 쁘다(끄다), 뜯(意), 쌀(米), 짝(隻), 쓰다(用), 쁘다(彈, 타다)

③ 'ㅄ'系 : 뽐(틈, 隙), 삑(時), 뻬다(貫), 쌔(時), 쁘리다(裂), ㅴ

---

12 각자병서인 'ㄲ, ㄸ, ㅃ, ㅆ, ㅉ' 등은 된소리 음가로 사용되지 않았다. 다만 'ㅆ'은 제시한 예문에서처럼 된소리 음가로 사용되기도 했다.

13 합용병서 글자는 근대국어에서 문란해지기 시작해 점차 각자병서(현대의 경음인 'ㄲ, ㄸ, ㅃ, ㅆ, ㅉ')로 바뀌었으나 'ㅅ'계열은 20세기 초(1933년)까지 사용되었다.

르다(剌), 꿀(蜜)

④ 기타 : 싸히(사내), 흙(흙), 낛(낚시)

2.3.2. 중성(모음, 11자)

'하늘(天), 땅(地), 사람(人)'을 본떠서 만들었다. 이 중 기본자 3자, 초출자 4자, 재출자 4자를 합해 11자를 만들었다. 기본자와 초출자는 단모음이고, 재출자는 이중모음이다.

하늘(天) : 圓 (ㆍ), 땅(地) : 平 (ㅡ), 사람(人) : 立(ㅣ)

결합의 원리   ㅣ + ㆍ = ㅏ   ㆍ + ㅡ = ㅗ

ㆍ + ㅣ = ㅓ   ㅡ + ㆍ = ㅜ

① 기본자 : ㆍ, ㅡ, ㅣ

② 초출자 : ㅗ, ㅏ, ㅜ, ㅓ

③ 재출자 : ㅛ, ㅑ, ㅠ, ㅕ

④ 이중모음 : ㅛ, ㅑ, ㅠ, ㅕ, ㅢ, ㅓ, ㅚ, ㅐ, ㅟ, ㅔ, ㅘ, ㅝ

⑤ 삼중모음 : ㅙ, ㅞ, ㅒ, ㅖ

훈민정음 제자원리에서 기술했듯이 기본자 'ㆍ ㅡ ㅣ'의 결합으로 초출자인 'ㅗ, ㅏ, ㅜ, ㅓ', 재출자인 'ㅛ, ㅑ, ㅠ, ㅕ', 그리고 이중모음인 'ㅛ, ㅑ, ㅠ, ㅕ, ㅢ, ㅓ, ㅚ, ㅐ, ㅟ, ㅔ, ㅘ, ㅝ', 삼중모음인 'ㅙ, ㅞ, ㅒ,

ㅔ' 등을 만들 수 있다. 기본자 중 소멸된 모음은 'ㆍ'(아래 아)이다. 이 글자는 후설저모음으로 오늘날은 편의상 'ㅏ'로 발음하지만 'ㆍ'와 'ㅏ'는 그 형태적 표기에 따라 엄밀하게 의미가 구별되었다.

ㅎ다[爲] : 하다[多, 大]   ㄷ리[橋] : 다리[脚]

살[矢] : 술[肉]   낯[個] : 좆[面]

말[言] : 물[馬]   가ㄴ[行] : ㄱㄴ[細]

갓[皮] : ㄱ[邊]   대[竹] : 딕[所]

나ㄴ[吳] : ㄴㄴ[飛]

'ㆍ' 음의 소멸은 16세기 이후이며, 문자의 소멸은 1933년이다. 첫음절에서는(18세기 후반) 주로 'ㆍ>ㅏ'로(ᄆᆞᆯ[馬]>말, ᄆᆞᆰ다[淸]>맑다), 2음절에서는(16세기 중반) 주로 'ㆍ>ㅡ'(ᄀᆞᄃᆞᆨ[滿]>ᄀᆞ득(16세기)>가득(18세기)이며, 이외에 'ㆍ>ㅗ(ᄉᆞ매>소매), ㆍ>ㅓ(ᄇᆞ리다>버리다), ㆍ>ㅜ(아ᅀᆞ>아우), ㆍ>ㅣ(아ᄎᆞᆷ>아침)' 등으로 변천되었다.[14]

중세국어의 단모음은 7개로 양성모음인 'ㆍ, ㅏ, ㅗ'와 음성모음인 'ㅡ, ㅓ, ㅜ', 그리고 중성 모음인 'ㅣ'가 있다.

---

14 'ᄆᆞᅀᆞᆯ[村]>ᄆᆞ슬(16세기)>마을(18세기)'의 변천처럼 뒤 음절의 'ㆍ'가 먼저 소멸되었고, 나중에 첫 음절의 'ㆍ'가 소멸되었다.

중세국어, 근대국어, 현대국어의 단모음 체계

중세국어의 단모음은 'ㅏ, ㅓ, ㅜ, ㅗ, ㅡ, ㅣ, ·'의 7모음 체계였다. 이 가운데 '·' 음가가 소멸되기 시작하여 16세기에는 둘째 음절에서 'ㅡ'나 'ㅏ'로 바뀌었다. 이중모음에는 'ㅑ, ㅕ, ㅛ, ㅠ, ㅘ, ㅝ'처럼 반모음이 앞서는 이중모음(상향이중모음)과, 'ㅐ, ㅔ, ㅚ, ㅟ, ·ㅣ, ㅢ'처럼 반모음이 뒤에 놓이는 이중모음(하향이중모음)이 있었다. 예를 들어 '① 妖怪ᄅᆞ뷘 새(ㅏ+ㅣ [j]+∅) 오거나 ② 막대예(ㅏ+ㅣ [j]+예) 샹커나, 싸해 업데여(ㅓ+ㅣ [j]+어) ③ 孝道ᄒᆞ고, 히미 세오(ㅓ+ㅣ [j]+오), ④ 불휘(ㅜ+ㅣ [j]+∅) 기픈 남ᄀᆞᆫ ⑤ 구스리 바회예(ㅗ+ㅣ [j]+예) 디신들' 등을 들 수 있다.

근대국어에서는 '·' 음가의 소멸로 첫음절에서 '·'가 'ㅏ'로 바뀌었으며, 이중모음이었던 'ㅔ'와 'ㅐ'가 단모음으로 바뀌었다. 따라서 18세기말에 국어의 단모음은 'ㅏ, ㅓ, ㅜ, ㅗ, ㅡ, ㅣ, ㅔ, ㅐ'의 8모음 체계로 바뀌게 되었다.

현대국어에서는 이중모음 'ㅟ'와 'ㅚ'가 단모음으로 바뀌어서 'ㅏ, ㅓ, ㅜ, ㅗ, ㅡ, ㅣ, ㅔ, ㅐ, ㅟ, ㅚ'의 10모음 체계가 되었다. 그 결과 이중모음의 경우, 반모음이 뒤에 놓이는 이중모음은 'ㅢ'만 남게 되고, 반모음이 앞서는 이중모음이 주를 이루게 되었다. 그러나 'ㅚ'와 'ㅟ'는 다시 이중모음으로 발음되는 것으로 보기도 한다.

2.3.3. 종성

훈민정음 해례(解例)의 종성해에서 종성부용초성(終聲復用初聲)의 원칙을 규정하고 있다. 이는 초성(ㄱ, ㅋ, ㆁ, ㄴ, ㄷ, ㅌ, ㄹ, ㅁ, ㅂ,

ㅍ, ㅅ, ㅈ, ㅊ, ㅿ, ㆁ, ㆆ, ㅎ) 글자를 받침에 그대로 사용한다는 것이
지만, 8종성(ㄱ, ㆁ, ㄴ, ㄷ, ㄹ, ㅁ, ㅂ, ㅅ)만으로도 족하다는 원칙이
다. 그런데 8종성법에서 'ㄷ'과 'ㅅ'의 발음상 표기 구별이 어려우므
로 17세기 이후 'ㄷ'을 'ㅅ'으로 표기함으로써 7종성법을 사용하게
되었다. 현대국어의 종성법은 근대국어와 마찬가지로 7종성법이지
만, 'ㅅ'을 'ㄷ'으로 적는 규정이다. 근대국어가 문자 표기상의 7종성
법이었다면, 현대국어는 발음상 표기의 7종성법이다. 즉, 근대국어
가 '돋도록 → 돗도록, 벋 → 벗' 등으로 표음주의 표기였다면, 현대
국어는 '낫[낟], 낟[낟], 낱[낟], 낮[낟], 낯[낟]'으로 표의주의 표기지
만 발음상의 7종성 표기이다.

① 종성부용초성(終聲復用初聲) 원칙 : 받침은 초성 글자를 그
대로 사용한다.

> 예 곳 됴코<용가 2장>, 깊고<용가 34장>, 빛나시니이다<용가
> 80장>

> * 이 원칙의 적용은 용비어천가(8종성+ㅈ, ㅊ, ㅍ)와 월인천강
> 지곡(8종성+ㅈ, ㅊ, ㅌ, ㅍ)에 나타난다.

② 팔종성법(八終聲法) : 팔종성가족용(八終聲可足用)으로 세종
때부터 17세기까지 사용되었으며 받침으로 8자(ㄱ, ㄴ, ㄷ, ㄹ,
ㅁ, ㅂ, ㅅ, ㆁ)만으로 족하다는 원칙이다.

> 예 '닞디 → 닛디, ᄉᆞᆽ디 → ᄉᆞᆺ디, 븥는 → 븓는' 등

③ 칠종성법(七終聲法) : 17세기 말부터 20세기 초까지 사용되었

으며 7자(ㄱ, ㄴ, ㄹ, ㅁ, ㅂ, ㅅ, ㅇ)를 사용하는 문자 표기 원칙이다.

예 '돋도록 → 돗도록, 걷고 → 것고, 묻친 → 뭇친, 벋 → 벗, 뜯 → 뜻' 등.

한국어의 음운 체계

한국어 말소리의 이해

3.1. 모음

성대의 진동을 받은 소리가 목, 입, 코를 거쳐 나오면서 장애를 받지 않고 목청이 떨어 나는 소리를 모음(vowel)이라 한다. 모음의 종류에는 말소리를 발음하는 도중에 입술이나 혀가 고정되어 움직이지 않는 소리인 단모음과 소리를 내는 도중에 입술 모양이나 혀의 위치가 처음과 나중이 달라지는 소리인 이중모음이 있다. 또한 혀의 앞뒤에 따른 전설모음과 후설모음, 혀의 높낮이에 따른 고모음, 중모음, 저모음, 그리고 입술 모양에 따른 원순모음과 평순모음 등이 있다.

3.1.1. 학교문법의 모음

단모음은 모음 4각도의 단일 위치에서 조음되는 모음을 말한다. 지금까지 논의된 모든 모음은 단모음(monophthong)이다. 단모음의 어원은 [mono(GK. '하나'의 뜻)+phthongos(GK.'소리'의 뜻)]이며, 소리를 내는 동안에 음성기관의 일정한 위치에 머물러 발음되는 모음이다. 단모음에는 일정한 시간에 단일한 조음으로 발음되는 단순조음 단모음과 둘 이상의 조음작용이 동시에 일어나 발음되는 이중조음 단모음이 있다. 한국어의 이중조음 단모음에는 외[ö]와 위[y]가 있다.

(1) 전설모음, 후설모음
단모음은 혀의 앞뒤의 위치에 따라 혀의 앞쪽에서 나는 전설모음

(前舌母音, front vowels), 혀의 뒤쪽에서 나는 후설모음(後舌母音, back vowels)으로 나뉜다. 전설모음은 'ㅣ, ㅔ, ㅐ, ㅚ, ㅟ'이고, 후설모음은 'ㅡ, ㅓ, ㅏ, ㅜ, ㅗ'이다.

(2) 고모음, 중모음, 저모음

혀의 높낮이에 따라 고모음, 중모음, 저모음으로 나뉜다. 고모음(高母音, high vowel)은 입이 조금 열려서 혀의 위치가 높은 모음으로 'ㅣ, ㅟ, ㅡ, ㅜ'이고, 중모음(中母音, mid vowel)은 혀의 위치가 중간인 모음으로 'ㅔ, ㅚ, ㅓ, ㅗ'이며, 저모음(低母音, low vowel)은 입이 크게 열려서 혀의 높이가 낮은 모음으로 'ㅐ, ㅏ'이다. 이는 입의 크기에 따른 개구도에 의한 폐모음(閉母音, close vowel), 반폐반개모음(半閉母音半開母音, half-close vowel half-open vowel), 개모음(開母音, open vowel)의 분류와 같다. 즉, 고모음은 혀의 앞쪽이나 뒤가 입천장에 가까이 닿으므로 입의 크기가 작아지는 폐모음이 되며, 저모음은 혀의 앞쪽이나 뒤가 입천장으로부터 최대한 멀어지면서 입의 크기가 커지는 개모음이 된다.

(3) 원순모음, 평순모음

입술의 모양에 따라 원순모음과 평순모음으로 나뉜다. 원순모음(圓脣母音, rounded vowel)은 입술을 둥글게 오므려 내는 모음으로 'ㅚ, ㅟ, ㅜ, ㅗ'이고, 평순모음(平脣母音, unrounded vowel)은 원순모음이 아닌 모음으로 'ㅏ, ㅓ, ㅡ, ㅣ, ㅔ, ㅐ'이다.

이에 학교문법에서 제시한 한국어의 단모음체계는 다음과 같다.

‖ 한국어의 단모음 체계 ‖

혀의 앞뒤	전설모음		후설모음	
혀의 높이	평 순	원 순	평 순	원 순
고 모 음	ㅣ	ㅟ	ㅡ	ㅜ
중 모 음	ㅔ	ㅚ	ㅓ	ㅗ
저 모 음	ㅐ		ㅏ	

‖ 한국어 모음 발음 연습 ‖

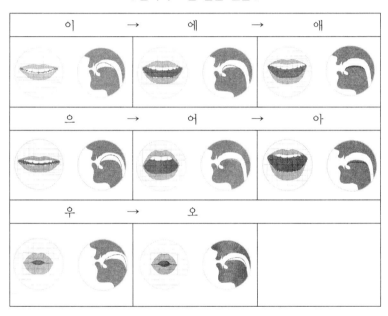

(4) 반모음, 이중모음

이중모음은 시작되는 혀의 위치에 따라 구분된다. 'ㅣ[j]'의 자리에
서 시작되는 모음('ㅑ, ㅕ, ㅛ, ㅠ, ㅒ, ㅖ'), 'ㅗ/ㅜ[w]'의 위치에서 시
작되는 모음('ㅘ, ㅙ, ㅝ, ㅞ, (ㅟ, ㅚ)'), 그리고 'ㅡ'의 위치에서 시작되

어 'ㅣ'의 위치에서 끝나는 모음('ㅢ')이 있는데, 이들 이중모음을 형성하는 'ㅣ[j], ㅗ/ㅜ[w]' 등이 반모음(半母音, semivowel)이다.

	두 입술, 연구개	혓바닥, 경구개
반 모 음	ㅗ / ㅜ	ㅣ

① 반모음

반모음(semivowel)은 모음과 같은 음성적 특징을 가졌으면서 짧고 약하며, 불안정한 속성 때문에 단독으로 음절을 이루지 못하는 소리다. 반모음은 혀가 두드러지게 인접한 모음을 향하거나 혹은 다른 데로 움직여 나오면서 소리를 이루는 특징이 있기 때문에 흔히 과도음(過渡音, glide, transitional sound)이라 칭한다. 이들 반모음은 이중모음과 같은 모음 연속체의 형성에 관여하는 것이므로 비성절모음(non-syllabic vowel)이라고도 한다. 반모음에는 경구개 과도음 [j], 연구개 과도음 [w], 그리고 원순 과도음 [ɥ] 등이 있다.

ⓐ [j] : 혀 끝을 경구개에 댐으로써 만들어지는 과도음이므로 경구개 반모음이라고 하며 [y]음으로도 표기된다. '야[ja], 여[jʌ], 요 [jo], 유[ju], 의[ɯj]15, 옛날[jeːnnal]' 등을 들 수 있다.

ⓑ [w] : 설체를 연구개 쪽으로 올리면서 입술을 둥글게 하여 산출하는 과도음이다. 입술을 둥글게 하여 소리를 내므로 순음으로

---

15 '단모음+반모음'의 하향식 이중모음을 사용할 경우이다. 중세국어에는 'ㅐ [aj], ㅔ[əj], ·ㅣ[ʌj], ㅢ[ɯj]' 등이 하향식 이중모음이었지만 현대 한국어의 하향식 이중모음은 'ㅢ' 하나만 있다.

간주되고, [u]와 매우 유사한 조음법을 취한다. '와[wa], 웨[we], 위[wi], 원숭이[wə:nsuɲi]' 등을 들 수 있다.

ⓒ [ɥ] : 혀 끝을 경구개에 댐으로써 만들어지는 과도음이지만 입술을 둥글게 하여 조음한다. 초성에 자음으로 시작하는 'ㄱ'의 경우 '귀[kɥi], 뒤[tɥi:], 쉬[sɥi]' 등을 들 수 있다. 다만 양순 자음이나 ㅎ으로 시작할 경우에는 '뮈[mwi], 휘[hwi]' 등처럼 [w] 과도음을 사용한다.[16]

② 이중모음

이중모음은 한 음절에 속하는 두 모음의 연속체로서 하나는 성절음(syllabics)이고, 또 하나는 비성절음(nonsyllabics)이다. 한국어 단어 '유[ju], 가려[karjʌ], 봐[pwa]'에서 [u], [ʌ], [a]는 단모음으로 성절음이고, [j], [w]는 반모음으로 비성절음이다. 영어 단어 house [haws], yes[jɛːs]에서 [a], [ɛ]는 성절음이고 [w], [j]는 비성절음이다. 이중모음 (diphthong)의 어원은 [dis(GK. '두번'의 뜻)+ phthongos(GK. '소리'의 뜻)이며, 시작과 끝의 조음점을 가리키는 두 기호로 기술한다. 즉 '반모음+단모음' 혹은 '단모음+반모음' 결합의 형식이지만 현대 한국어의 이중모음은 대부분 '반모음+단모음' 형식으로 이루어진다. 따라서 한국어의 '야[ja]', '와[wa]'나 영어의 'yes'와 같이 반모음인 과도음이 음절 주모음인 단모음에 선행하는 이중모음을 상향적 이중모음(rising diphthong)이라 하고, '의[ɯj]', 'house'와 같이 과도음이

---

16 이철수(1997:50) 참조.

음절 주모음에 후행하는 이중모음을 하향적 이중모음이라 한다.

① [반모음+단모음]

    j+단모음   ㅠ[ju], ㅖ[je], ㅕ·[jə], ㅛ[jo], ㅒ[j ɛ], ㅓ[jʌ], ㅑ[ja]

    w+단모음   ㅟ[wi], ㅞ[we], ㅝ·[wə], ㅝ[wʌ], ㅘ[wa]

    ɥ+단모음   ㅟ[ɥi]

② [단모음+반모음]

    단모음+j   ㅢ[ɯj]

3.1.2. 현대 표준한국어의 모음

현대 표준한국어의 단모음 음소는 다음 아홉 개로 보고 있다.

모음	이	에	애	아	어	오	우	으	어·
IPA	I	e	ɛ	a	ʌ	o	u	ɯ	ə

이 중에서 /i, e, ɛ/는 전설모음, /ə, a/는 중설모음, /u, o, ʌ, ɯ/는 후설모음에 속한다. 후설모음 중 /u, o/와 /ㅚ[ö], ㅟ[y]/를 단모음으로 볼 경우 전설모음 중 /ㅚ, ㅟ/ 등은 원순모음이며, 그 나머지는 모두 평순모음이다. 그리고 발음될 때 혀의 높이에 따라 이 아홉 모음을 다시 분류하면 다음과 같다.

폐[고]모음	i		ɯ u
반폐[반고]모음	e	ə	o
반개[반저]모음	ɛ		ʌ
개[저]모음	a		

① '세[e]'와 '내[ɛ]'의 구별 : '세[e]'는 전설 중모음이고, '내[ɛ]'는 전설 저모음이다. 따라서 '내'보다 '세'는 개구도가 작으므로 입을 좀 더 닫고, 센입천장과 앞 혀의 간격을 좁혀서 발음하여야 한다. 일반적으로 '찌개'가 맞춤법에 맞는 표기이지만 발음은 [찌게]로 한다. '내'와 '세'의 발음 구별이 어렵지만 표기를 다르게 하기 때문에 정서법의 문제를 드러낸다. 그렇다고 어느 하나로 표기 통일도 어렵다. '세 집'과 '새 집', '네것'과 '내것'은 분명 다르기 때문이다.

② '내[ɛ]'의 개구도 : 학교문법에서는 저모음으로, 국제음성기호에서는 중모음(반개모음)으로 다룬다.

③ '귀'와 '괴' : 학교문법은 단모음 귀[y], 괴[ö](IPA로는 ø)으로 보고 있으나 '귀'와 '괴'는 [wi], [we]로 이중모음으로 발음된다.

IPA의 기준에 따라 한국어의 모음을 모음 사각도로 보이면 다음과 같다.

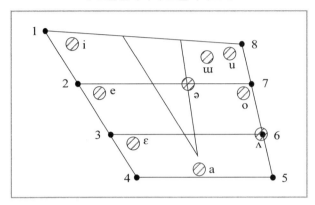

┃ 표준한국어의 모음사각도 ┃

① /i/는 일차 기본모음 1번보다 조금 낮고 후퇴한 혀 위치에서 나는 소리이며, 이것이 길게 발음될 때보다 짧게 발음될 때 혀 위치가 다소 더 낮고 더 후퇴한 소리가 된다.

② /e/는 1차 기본모음 2번보다 조금 낮고, 후퇴한 혀 위치에서 발음된다. 짧게 또는 약하고 짧게 발음될 때는 그보다 더 낮고 더 후퇴한 혀 위치에서 발음된다. 이보다 더 낮은 혀 위치로 발음하여 /ɛ/와 혼동되면 방언적이다.

③ /ɛ/는 1차 기본모음 3번보다 조금 낮고, 조금 후퇴한 혀 위치에서 발음되며, 짧고 약한 경우에 다소 혀 위치가 높아진다. 이보다 혀 위치가 좀 높아져서 /e/와 구별이 없어지면 방언적이다.

④ /a/는 1차 기본모음 4번, 5번 중간쯤에서 소리나는 모음으로, 긴 소리가 될 때에는 혀 위치가 다소 후퇴하며, 짧게 발음되면 위치가 다소 전진하고, 짧고 약한 경우에는 혀 위치가 다소 높아

진다.

⑤ /ʌ/는 2차 기본모음 6번 정도에서 발음되는 후설모음인데, 주로 짧은 소리에 쓰이나 긴 소리에 쓰일 때도 있다. 특히 말씨 리듬 (speech rhythm)이나 정의적 관계로 장음화될 경우에 음질이 그대로 유지된다.

"아홉, 열, 열하나……" [ahop, jʌːl, jʌrhana…]
"일어 섯!" [irʌːsʌt],
"널" ('너를'의 준말) [nʌːl]

/ʌ/를 약간 짧게 발음하면 혀 위치가 조금 높아지고 진전된다. 혀 위치를 좀 높이고 전진시켜 /ə/에 가깝게 되면 방언적이다.

⑥ /o/는 1차 기본모음 7번보다 조금 낮은 혀 위치에서 발음되는 원순모음이며, 짧고 약하게 발음되면 원순의 정도가 다소 약화된다. 서북방언에서는 혀 위치가 훨씬 낮아서 1차 기본모음 6번에 접근한다.

⑦ /u/는 1차 기본모음 8번보다 조금 낮은 혀 위치에서 발음된다. 짧고 약하게 발음될 때는, 혀 위치가 좀더 낮아지고 원순성의 정도가 좀 약화된다.

⑧ /ɯ/는 2차 기본모음 8번보다 조금 낮고, 조금 전진한 혀 위치에서 발음되는 후설평순모음이다. 짧고 약하게 발음되면 혀 위치가 조금 더 낮아지고 전진한다. 경상도 방언에서는 이 소리가 제대로 발음되지 않고 /ə/에 가깝게 대치된다.

⑨ /ə/는 2차 기본모음 7번에서 혀 위치가 전진한 모음 또는 중앙모

음에서 조금 후퇴한 모음인데, 이것이 /ʌ/보다는 오히려 /ɯ/에 가까운 편이며, 실제로 무관한 사이의 말씨(familiar style)에서는 /ɯ/로 대치되기도 한다.

어른 어ᅩ:른[ə:rɯn],   없다 업ᅩ:따[ə:pt'a]

일반적으로 철자식 발음으로는 /ʌ/와 /ə/가 혼동되지만, 대개 길게 발음될 경우에는 /ə/를 사용하고, 짧고 약하게 발음될 때에는 /ʌ/로 발음되는 경향이 있다.

3.1.3. 모음의 발음 특성

(1) 전설모음화

인간은 언어를 편리하게 발음하려는 속성이 있다. 혀 뒤에서 발음하려는 후설모음보다는 혀 앞에서 발음하려는 전설모음이 편리하기 때문이다. 전설모음화(前舌母音化)는 후설모음인 'ㅡ' 음이 치음 'ㅅ, ㅈ, ㅊ' 밑에서 전설모음 'ㅣ'로 변하는 현상으로 18세기 말 이후에 나타나는 일종의 순행동화 현상이다. '즛→짓, 즈레→지레, 츩→칡, 거츨다→거칠다, 슳다→싫다' 등을 들 수 있다. 현대어에 와서 후설모음인 'ㅏ'를 'ㅐ'로, 'ㅓ'를 'ㅔ'로 발음하려는 것도 일종의 전설모음화이다. 예를 들어 '[남비] → [냄비]', '[나기] → [내기]', '[장이] → [쟁이]', '[수수꺼끼] → [수수께끼]'로 발음하는 'ㅣ'모음 역행동화를 들 수 있다.

(2) 고모음화

고모음은 입이 조금 열려서 혀의 위치가 높은 모음으로 폐모음이고, 저모음은 입이 크게 열려서 혀의 높이가 낮은 모음으로 개모음이다. 인간은 발음할 때 입을 작게 벌리려는 속성을 갖는다. 입의 크기가 커질수록 소리도 커지므로 그만큼 에너지가 많이 사용되기 때문이다. 따라서 고모음화(高母音化)는 입의 크기를 작게 발음하려는 것으로 'ㅐ'를 'ㅔ'로, 'ㅗ'를 'ㅜ'로 발음한다. 예를 들어 '[찌개] → [찌게]', '[동이] → [둥이]', '[나하고] → [나하구]'를 들 수 있다.

(3) 원순모음화

원순모음화(圓脣母音化)는 순음 'ㅁ, ㅂ, ㅍ' 아래 오는 모음 'ㅡ'가 'ㅜ'로 변하는 현상으로, 이는 발음의 편리를 꾀한 변화라고 볼 수 있다. 이 현상은 15세기에 일부 나타나기 시작하여 18세기에 주로 나타났다. 원순모음화가 일어나는 경우는 순음(ㅁ, ㅂ, ㅍ)은 입술을 둥글게 하는 반모음(w)과의 결합에서 발음이 자연스럽다.[17] 예를 들면 '믈→물, 블→불, 플→풀' 등을 들 수 있다. 15세기에는 '믈[水] : 물[群], 브르다[飽] : 부르다[殖, 潤]'처럼 구별되는 경우도 있다.

(4) 단모음화

단모음화(單母音化)는 치음인 'ㅅ, ㅈ, ㅊ' 뒤에서 이중모음인 'ㅑ,

---

17 반모음 'ㅜ'[w]는 양순 연구개음이므로 순음계열(ㅁ,ㅂ,ㅍ)과 결합이 자연스럽다.

ㅕ, ㅛ, ㅠ'가 앞의 치음의 영향을 받아 'ㅏ, ㅓ, ㅗ, ㅜ'의 단모음으로 바뀌는 현상으로 일종의 순행동화이다. 이는 18세기 말에 나타나기 시작하여 1933년 '한글맞춤법통일안'에서 확정되었다. '셤 → 섬, 셰상 → 세상, 둏다 → 죻다 → 좋다, 쇼 → 소' 등을 들 수 있다.

(5) 이화

이화(異化)는 한 낱말 안에 같거나 비슷한 음운 둘 이상이 있을 때, 그 말의 발음을 보다 분명하게 하기 위해 그 중 한 음운을 다른 음운으로 바꾸는 것을 말한다. 여기에는 자음의 이화와 모음의 이화가 있는 데, 모음의 이화로는 '소곰 → 소금, ᄀᄅ → 가루, 보롬 → 보름, 처섬 → 처엄 → 처음, 서르 → 서로' 등을 들 수 있으며, 자음 이화로는 '거붑 → 거북', '붚 → 북' 등을 들 수 있다.

3.2. 자음

자음(consonant)은 어원적으로[con-(함께하다)+sonant(모음)]로서 모음을 동반해야만 비로소 음절을 이룰 수 있는 소리라는 뜻이다. 또한 자음은 조음양식면으로 보아 구강에서 공기의 흐름을 달라지게 함으로써 방해하거나 완전히 차단하여 어떤 위치에서 성도(聲道)를 수축함으로써 산출되는 소리다. 그리고 음절 구성면으로는 음절 주음을 이루지 못하는 음성이다.

3.2.1. 자음의 분류

자음은 전통적으로 조음위치(조음점)와 조음방법(조음법)에 따라 구분하고, 성대의 진동·폐쇄·개방하는 상태나 성대나 호기(呼氣, 날숨)의 근원에 따라 분류하기도 한다.

1) 조음위치에 따라

소리 내는 자리인 조음위치에 따라 양순음, 치조음, 경구개음, 연구개음, 후음 등으로 분류한다. 입술소리인 양순음(兩脣音)은 두 입술에서 나는 소리로 'ㅂ, ㅃ, ㅍ : ㅁ'이고, 치조음(齒槽音)은 혀끝(설단)과 윗잇몸(치조) 사이에서 나는 소리로 'ㄷ, ㄸ, ㅌ ; ㅅ, ㅆ ; ㄴ ; ㄹ'이다. 경구개음(硬口蓋音)은 혓바닥과 경구개(센입천장) 사이에서 나는 소리로 'ㅈ, ㅉ, ㅊ'이고, 연구개음(軟口蓋音)은 혀의 뒷부분과 연구개(여린입천장)에서 나는 소리로 'ㄱ, ㄲ, ㅋ ; ㅇ'이다. 목청소리인 후음(喉音)은 목청 사이에서 나는 소리로 'ㅎ'이 있다.

(1) 양순음

두 입술에서 조음하여 내는 소리를 순음(labials) 또는 양순음(兩脣音, bilabials)이라 한다. 영어 /p, b, p', p', m/, 한국어 /ㅁ, ㅂ, ㅍ, ㅃ/ 등은 이에 속한다.

(2) 순치음

아래 입술을 윗니에 대고 조음하는 소리를 순치음(脣齒音, labiodentals)

이라 한다. 영어 /f, v, ɱ/ 등은 이에 속한다.

(3) 치음

혀끝이나 설첨을 앞 윗니에 대고 조음하는 소리를 치음(齒音, dentals)이라 한다. 영어 /θ, ð/ 등은 이에 속한다.

(4) 치조음

혀끝이나 설첨을 윗잇몸, 즉 치조에 대고 조음하는 소리를 치조음 (齒槽音, alveolars)이라 한다. 영어 /t, t', t', s, s', n/, 한국어 /ㄷ, ㅌ, ㄸ, ㅅ, ㅆ, ㄴ, ㄹ/ 등은 이에 속한다.

(5) 권설음

혀를 입천장 쪽으로 말아올려 내는 소리를 권설음(捲舌音, retroflex)이라 한다. 흔히 설첨과 경구개 사이에서 조음된다. /ʈ, ɖ, ɳ, ɭ, ʂ, ʐ/ 등은 이에 속한다. 권설음 표시는 일반적으로 보조기호 [.]를 사용하여 나타낸다. 중국 북경관화(北京官話, mandarin)의 권설파찰음은 유명하다.

(6) 경구개음

혀의 앞쪽 설면을 경구개(센입천장)에 대거나 접근시켜서 산출되는 소리를 구개음(palatals) 또는 경구개음(硬口蓋音)이라 한다. 영어 /ʨ, ʥ(dʒ), ɲ, ʎ, ç, j/, 한국어의 /ㅈ, ㅊ, ㅉ/ 등은 이에 속한다. 불어의 montagne [mɔtaɲ], 독일어의 ich [iç], 한국어의 어머니[ʌmʌɲi], 달력 [taʎʎʌk] 등은 그 예들이다.

(7) 연구개음

후설을 연구개에 대거나 접근시켜서 조음하는 소리를 연구개음(軟口蓋音, velars)이라 한다. 영어 /k, g, k', k', ŋ, x, ɹ/, 한국어 /ㄱ, ㅋ, ㄲ, ㅇ/ 등은 이에 속한다.

(8) 목젖소리

후설을 목젖에 대거나 접근시켜서 조음하는 소리를 목젖소리(口蓋垂音, uvulars)라고 한다. 폐쇄음 [q, G], 비음 [N], 마찰음 [X] 등은 이에 속한다. 목젖소리는 아랍어, 페르시아어 등에서 사용되며, 불어의 r 소리는 목젖소리로 발음되는 것이 일반적이다.

(9) 인두음

설근 부근을 인두벽에 접근시켜서 어떤 구강 조음도 동반함이 없이 인두를 수축함으로써 산출되는 소리를 인두음(咽頭音, pharyngeals)이라 한다. 무성음 [ħ](barred h)와 유성음 [ʕ](ayn)는 대표적인 인두음이다. 아랍어와 코카서스(Caucasus)의 일부 언어에서 나타난다.

(10) 성문음

두 성대가 닫히거나 접근한 상태에서 조음하는 소리를 성문음(聲門音, glottals)이라 한다. 폐쇄음 [ʔ]와 마찰음 [h], [ɦ] 등은 이에 속한다. 국어의 'ㅎ'은 성문음이다.

2) 조음방법에 따라

조음방법에 따른 분류의 하나로서 폐쇄의 정도와 비강 공명과 같은 소리의 변화에 따라 저지음과 공명음으로 나뉜다. 안 울림소리인 저지음에는 파열음, 마찰음, 파찰음 등이 있다. 파열음은 폐쇄음이라고도 하는데 폐에서 나오는 공기를 막았다가 그 막은 자리를 터뜨리면서 내는 소리로 'ㅂ, ㅃ, ㅍ ; ㄷ, ㄸ, ㅌ ; ㄱ, ㄲ, ㅋ'이고, 마찰음은 입안이나 목청 사이의 통로를 좁혀서 공기가 그 사이를 비집고 나오면서 마찰하여 나는 소리로 'ㅅ, ㅆ ; ㅎ'이며, 파찰음은 처음에는 폐쇄음, 나중에는 마찰음의 순서로 두 가지 성질을 다 갖는 소리로 'ㅈ, ㅉ, ㅊ'이다. 이런 저지음(파열음, 마찰음, 파찰음)은 다시 예사소리(ㅂ, ㄷ, ㄱ, ㅈ), 된소리(ㅃ, ㄸ, ㄲ, ㅉ), 거센소리(ㅍ, ㅌ, ㅋ, ㅊ) 등으로 나뉜다.

울림소리인 공명음은 비음(鼻音)과 유음(流音)으로 나뉘는데, 비음은 입안의 통로를 막고 코로 공기를 내보내면서 내는 소리로 'ㅁ, ㄴ, ㅇ'이고, 유음 'ㄹ'은 혀끝을 잇몸에 가볍게 대었다가 떼거나('나라'의 'ㄹ'), 혀끝을 잇몸에 댄 채 공기를 그 양 옆으로 흘러 보내면서 내는 소리('달'의 'ㄹ')이다.[18]

(1) 저지음(장애음)

공기의 흐름을 저지함으로써 발음되는 파열음, 마찰음, 파찰음 등을 장애음 또는 저지음(沮止音, obstruents)이라 한다.

---

18 유음은 받침으로 끝나는 설측음[l]과 모음 사이에서 나는 설전음[r]으로 분류된다.

① 파열음

성도의 어느 위치에서 호기를 완전히 차단함으로써 산출되는 소리를 폐쇄음(閉鎖音, stops) 또는 파열음(plosives)이라 한다. 예를 들면, 국어의 /ㅂ, ㄷ, ㄱ, ㅍ, ㅌ, ㅋ, ㅃ, ㄸ, ㄲ/ 등과 영어의 p, t, k(유기음), 불어의 p, t, k(무기음) 등은 폐쇄음이다. 영어 단어 pin[p'in], bin[bin], time[t'ajm], dime[dajm], cane[k'ejn], gain[gejn] 등의 첫소리는 모두 이에 속한다.

② 마찰음

조음기관의 능동부를 고정부에 가까이 접근시키고, 그 사이로 기류를 통과시켜 협착된 통로에서 마찰되어 산출되는 소리를 마찰음(摩擦音, fricatives)이라 한다. 예를 들면, 국어의 /ㅅ, ㅆ, ㅎ/ 등과 /f, v, s, z, θ, ʒ, x/ 등은 마찰음이다. 영어 단어 fine [fajn], vine[vajn], thigh[θaj], thy[ðaj], seal[si:l], zeal[zi:l], ship[ʃip] 등의 첫소리는 다 마찰음이다.

③ 파찰음

공기의 흐름을 완전히 차단했다가 마찰 상태를 늦춤으로써 산출되는 소리를 파찰음(破擦音, affricative)이라 한다. 그러므로 파찰음은 폐쇄음과 마찰음이 합쳐진 소리다. 예를 들면, 국어의 /ㅈ, ㅉ, ㅊ/ 등과 영어의 ts, dʒ, tz, ʤ 등은 파찰음이다.

(2) 공명음

성도를 저지하지 아니하고 성도의 모양을 변형함으로써 산출되는 통비음, 설측음, 설전음, 탄설음, 반모음 등을 공명음(共鳴音, resonants)이라 한다.

① 통비음

조음기관인 연구개를 내려서 입안(구강)을 막음으로써 호기를 코안(비강)으로 전환시켜 내는 소리를 비음 또는 통비음(通鼻音, nasals)이라 한다. 예를 들면, 한국어의 /ㅁ, ㄴ, ㅇ/이나 영어의 /m, n, ŋ/ 등은 비음이다. 영어의 mad나 no의 첫소리나 ring의 끝소리는 비음이다. 비음은 원칙적으로 유성음이지만, smoke나 snow 등과 같이, 비음이 그 앞의 무성음의 영향으로 부분적으로 무성음화되는 경우도 있다.

② 설측음

지금까지 기술한 소리들은 모두 구강의 중앙으로 기류가 빠져나가면서 조음되는 소리인데, 설측음(舌側音, laterals, '옆'의 뜻을 가진 라틴어 latus에서 유래됨)은 구강의 중앙부를 막아 혀 옆으로 호기가 나오면서 산출되는 공명자음이다. 예를 들면, 국어에서 음절 '말, 물, 달' 등의 끝에 오는 /ㄹ/이나, /l, ʎ, ɬ/ (무성음, 웨일즈어에서 널리 쓰임) 등은 모두 설측음이다. 영어의 /l/ 소리는 입안의 막는 자리가 앞인가 혹은 뒤인가(이때 혀의 뒤쪽을 약간 들음)에 따라 명음-l(clear-l)과 암음-l(dark-l)로 나뉜다. 영어 단어 leap, late, last의 첫소리는 명음(clears)이고, law, loose의 첫소리는 암음(darks)이다. 설측음 [l]과 설전음 [r]을 하나로 묶어 유음(liquid)이라고 한다.

③ 설전음

호기의 구강 통로를 여러 번 급히 폐쇄함으로써 조음되는 소리로서, 혀끝이나 목젖을 떨거나 굴려서 내는 소리를 설전음(舌顫音, trilled, rolled, vibrants), 도는 탄설음이라 한다. 설전음은 인두 수축이 1차적으로 중요하고, 혀끝과 목젖을 떨거나 굴리는 조음은 2차적이다. 브론슈타인(Bronstein, 1960)의 말과 같이 인간 언어의 자음 중에서 r 음은 아마도 가장 변질적인 자음일 것이다.[19] 영어의 red, rock, ride의 첫소리는 설첨음-r이고, dream의 r은 유성 설첨 마찰음이고, trip의 r은 무성 설첨 마찰음이다. 그리고 불어 단어 rouge의 첫소리는 지속음 목젖소리-r이고, autre의 r은 무성 목젖 마찰음이다. 미국 영어 r은 일반적으로 j, w와 비교될 수 있는 과도음의 성질을 가지고 있어서 반전과도음(反轉過渡音, retroflex glide)으로 간주된다. 스페인어 pero(그러나)의 r은 탄설음-r이며, 한국어 '나라, 바람, 호루라기' 등의 '르'이 모음 사이에서는 탄설음-r로 발음한다. 영국 영어 r도 모음 사이에서 탄설음-r로 발음한다(very). 탄설음의 음성기호는 [ɾ]이다.

---

[19] Arthur J. Bronstein(1960: 117) 참조.

조음법 \ 조음점		양순 (두입술)	치조 (잇몸)	경구개 (센입천장)	연구개 (여린입천장)	성문 (목구멍)
자음 Consonat	폐쇄(닫힘) Stops	ㅂ[p, b] ㅍ[pʰ] ㅃ[p']	ㄷ[t, d] ㅌ[tʰ] ㄸ[t']		ㄱ[k, g] ㅋ[kʰ] ㄸ[t']	ㅇ[ʔ]
	파찰 (터짐갈림) affricate			ㅈ[č, ɟ][20] ㅊ[čʰ] ㅉ[č']		
	비음(콧소리) Nasal	ㅁ[m]	ㄴ[n]	ㄴ[ɲ]	ㅇ[ŋ]	
	설측(혀옆) Lateral		ㄹ[l]	ㄹ[ʎ]		
	탄설 (혀두들김) Flapped		ㄹ[ɾ]			
	마찰(갈림) Fricative		ㅅ[s] ㅆ[s']	ㅅ[ʃ] ㅆ[ʃ']		ㅎ[h]
	반모음 Semivowel	ㅜ/ㅗ[w]		ㅣ[j] ㅜ[ɥ]		

3.2.1. 자음의 발음 특성

(1) 비음화

자음은 장애를 받는 소리이다. 그러므로 공명음인 모음보다 발음하기가 어렵다. 그런데 자음 중에서도 공명음이 있다. 폐에서 나오는 공기의 흐름을 저지당하지 않는 편한 음으로 발음하려는 것이다. 공

---

20 파찰음에 음성기호를 ㅈ[ʧ]/[ʤ], ㅊ[ʧ'], ㅊ[ʧʰ] 등으로 표기하기도 한다.

명음에는 비음인 'ㅁ, ㄴ, ㅇ'과 유음인 'ㄹ'이 있다. 이 가운데 폐쇄음이 공명음 사이에서 조음위치가 동일한 비음으로 발음하려는 것을 비음화(鼻音化)라 한다. 즉, 순음 'ㅂ'이 'ㅁ'으로, 치조음 'ㄷ'이 'ㄴ'으로, 연구개음 'ㄱ'이 'ㅇ'으로 발음된다. 예를 들어 '[밥물]→[밤물]', '[닫는]→[단는]', '[국물]→[궁물]'로 발음한다.

(2) 설측음화

유음 /ㄹ/은 초성에서 날 때에는 혀굴림소리(설전음)로 발음되며, 종성에서 날 때에는 혀옆소리(설측음)로 발음된다. 예를 들어 '나라[nara]'의 'ㄹ'은 설전음[r]으로 혀를 굴려 내는 소리이며, '달'[tal]의 'ㄹ'은 설측음[l]로 이는 혀끝을 잇몸에 대고 공기를 혀 옆으로 흘려보내는 소리이다. 이러한 설측음화(舌側音化) 현상은 15, 16세기에 '른/르' 어간에 모음이 연결될 때, 'ㆍ', 'ㅡ'가 탈락되면서 'ㄹ'이 분철되어 설측음으로 발음되었다.

다ᄅᆞ다(異) : 다ᄅᆞ＋아＞달아 → 달라

오ᄅᆞ다(登) : 오ᄅᆞ＋아＞올아 → 올라

니르다(言) : 니르＋어＞닐어 → 일러

ᄲᆞᄅᆞ다(速) : ᄲᆞᄅᆞ＋아＞ᄲᆞᆯ라 → 빨라

모ᄅᆞ다(不知) : 모ᄅᆞ＋아＞몰라

흐르다(流) : 흐르＋어＞흘러

현대어에서도 설측음화 현상이 있다. 받침 'ㄴ'은 'ㄹ'의 앞이나 뒤에서 [ㄹ]로 발음한다.

신라 → [실라]   난로 → [날로]   칼날→ [칼랄]

(3) 평파열음화

폐쇄음인 파열음의 계열 'ㅂ, ㅍ, ㅃ', 'ㄷ, ㅌ, ㄸ', 'ㄱ, ㅋ, ㄲ'이 받침으로 올 때, '앞 [압], 잎 [입]', '낱 [낟]', '부엌 [부억], 밖 [박]' 등처럼 예사소리인 'ㅂ', 'ㄷ', 'ㄱ'으로 발음된다. 그리고 파찰음 'ㅈ, ㅊ'과 마찰음 'ㅅ, ㅆ, ㅎ'은 'ㄷ'으로 소리 난다. '옷 [옫], 낮 [낟], 꽃 [꼳], 있다 [읻따], 히읗 [히읃]' 등을 들 수 있다. 한국어의 받침은 'ㅂ, ㄷ, ㄱ, ㅁ, ㄴ, ㅇ, ㄹ'로 공명음인 'ㅁ, ㄴ, ㅇ, ㄹ'을 제외하고는 저지음 계열은 'ㅂ, ㄷ, ㄱ'으로 소리난다. 'ㅂ, ㄷ, ㄱ'은 평음(예사소리)의 파열음(폐쇄음)이므로 '평파열음화(평폐쇄음화)'라고도 한다.[21]

(4) 경음화

받침 'ㄱ(ㅋ, ㄲ), ㄷ(ㅌ, ㅅ, ㅆ, ㅈ, ㅊ), ㅂ(ㅍ)' 뒤에 연결되는 'ㄱ, ㄷ, ㅂ, ㅅ, ㅈ'은 된소리인 [ㄲ, ㄸ, ㅃ, ㅆ, ㅉ]으로 발음한다. 예를 들어 '먹고 [먹꼬], 국밥 [국빱], 부엌도 [부억또], 깎다 [깍따], 닫다 [닫

---

21 중세국어는 8종성법(ㅂ, ㄷ, ㄱ, ㅅ, ㅁ, ㄴ, ㅇ, ㄹ)을 사용하였고, 근대국어는 7종성법(ㅂ, ㄱ, ㅅ, ㅁ, ㄴ, ㅇ, ㄹ)을 사용하였다. 'ㄷ' 대신 대표음으로 'ㅅ'을 사용하였다. 현대국어 7종성(ㅂ, ㄷ, ㄱ, ㅁ, ㄴ, ㅇ, ㄹ)에서 'ㅅ' 대신 'ㄷ'을 사용하고 있어 '평파열음화'는 통시적 용어로 보기 어려운 점이 있다.

따], 입고 [입꼬], 덮개 [덥깨], 옷감 [온깜], 꽃집 [꼳찝], 옆집[엽찝]'
등처럼 경음으로 발음된다. 한국어 자음은 19개가 있는데 자음과 자
음이 만나면 대부분 된소리가 난다.

3.3. 한국어와 여러 언어의 자음체계

3.3.1. 한국어와 영어의 자음체계

영어는 음운상 무성음과 유성음의 대립이 있다. 즉 폐쇄음 /p/ : /b/,
/t/ : /d/, /k/ : /g/와 파찰음 /č/ : /ǰ/ 등이 있다. 이에 대응되는 한국어 폐쇄
음은 평음, 경음, 격음(유기음)으로 /ㅂ, ㅍ, ㅃ/, /ㄷ, ㅌ, ㄸ/, /ㄱ, ㅋ, ㄲ/
이 있고, 파찰음은 평음, 경음, 격음(유기음)으로 /ㅈ, ㅊ, ㅉ/이 있다.
다만 모두 무성음이다. 즉, 한국어에는 음운상 저지음 계열의 모든
음운은 무성음이다. 그리고 영어에 없는 한국어에는 경음(된소리)인
/ㅃ, ㄸ, ㄲ/, /ㅉ/이 있다.

조음법 \ 조음점		양순음	순치음	치음	치조음	경구개음	연구개음	성문음
파열음	무성음	/p/ (pin)			/t/ (tin)		/k/ (coal)	
	유성음	/b/ (bin)			/d/ (din)		/g/ (goal)	
파찰음	무성음					/č/ church		
	유성음					/j/ (judge)		
마찰음	평평한 무성음		/f/ (fine)	/θ/ (think)				/h/ (house)
	평평한 유성음		/v/ (vine)	/ð/ (this)				
	홈이생긴 무성음				/s/ (seal)	/š/ (shoe)		
	홈이생긴 유성음				/z/ (zeal)	/ž/ (azure)		
설측음					/l/ (life)			
비음		/m/ (man)			/n/ (now)		/ŋ/ (sing)	
반모음		/w/ (water)						

영어 마찰음은 /f/ : /v/, /θ/ : /ð/ 등 무성음과 유성음의 대립이 있는데, 이에 대응되는 한국어 마찰음은 무성음인 /ㅅ, ㅆ/이 있다. 영어 마찰음은 조음위치상 순치음과 치음이 있지만 한국어는 순치음과 치음이 없다. 영어는 한국어에 비해 마찰음이 많은 편이다. 그리고 영어의 설측음 /l/과 비음인 /m, n, ŋ/에 대응되는 한국어는 /ㄹ/과 /ㅁ, ㄴ, ㅇ/이다. 영어는 저지음에서 유성음이 많아 한국어에 비해 발음하기가 편하다. 다

만 한국어는 평음(ㅂ, ㄷ, ㄱ, ㅈ), 격음(ㅍ, ㅌ, ㅋ, ㅊ), 경음(ㅃ, ㄸ, ㄲ, ㅉ) 의 삼지상관속으로 영어에 비해 구체적인 발음을 표기할 수 있다.

┃ 한국어와 영어의 자음체계 ┃

방법＼위치		양순음	순치음	치음	치조음	경구개음	연구개음	성문음
파열음	한	ㅂ[p] ㅃ[p'] ㅍ[pʰ]			ㄷ[t] ㄸ[t'] ㅌ[tʰ]		ㄱ[k] ㄲ[k'] ㅋ[kʰ]	
	영	p[p] b[b]			t[t] d[d]		k[k] g[g]	
파찰음	한					ㅈ[ʧ] ㅉ[ʧ'] ㅊ[ʧʰ]		
	영					ch[č] j[ǰ]		
마찰음	한				ㅅ[s] ㅆ[s']			ㅎ[h]
	영		f[f] v[v]	th[θ] th{ð}	s[s] z[z]			h[h]
비음	한	ㅁ[m]			ㄴ[n]		ㅇ[ŋ]	
	영	m[m]			n[n]		ng[ŋ]	
유음	한				ㄹ[r, l]			
	영				l[l]			

3.3.2. 한국어와 중국어의 자음체계

한국어에는 조음위치에 따라 양순음, 치조음, 경구개음, 연구개음, 성문음 등이 있는 반면에 중국어에는 양순음, 순치음, 치음, 치조음, 권설음, 경구개음, 연구개음 등으로 분류된다.

┃ 중국어 자음체계 ┃

조음위치 / 조음방법			양순음	순치음	치음	치조음	권설음	경구개음	연구개음
저지음	파열음	무기음	b[p]			d[t]			g[k]
		유기음	p[pʰ]]			t[tʰ]			k[kʰ]
	파찰음	무기음			z[ts]		zh[tʂ]	j[tɕ]	
		유기음			c[ts']		ch[tʂ']	q[tɕ']	
	마찰음			f[f]	s[s]		sh[ʂ]	x[ɕ]	h[x]
공명음	비음		m[m]			n[n]			ng[ŋ]
	유음					l[l]	r[ɻ]		

(1) 파열음

한국어의 파열음은 평음(ㅂ, ㄷ, ㄱ), 격음(ㅍ, ㅌ, ㅋ), 경음(ㅃ, ㄸ, ㄲ)의 삼지상관속으로 이루어진 반면에 중국어는 유기음(p, t, k)과 무기음(b, d, g)으로 이루어져 있다. 한국어의 평음 /ㅂ, ㄷ, ㄱ/과 중국어의 무기음 /b, d, g/의 대응, 그리고 한국어 격음 /ㅍ, ㅌ, ㅋ/과 중국어 유기음 /p, t, k /의 대응으로 동일한 음가를 갖는다.

(2) 파찰음

한국어의 파찰음 역시 평음(ㅈ), 격음(ㅊ), 경음(ㅉ)을 갖는데 중국어 파찰음은 /z, c, zh, ch, j, q/ 등이 있다. 이중 무기음 z[ts]는 한국어 /ㅈ/, 유기음 c[ts']는 한국어 /ㅊ/와 유사한 발음이다. 그러나 한국어는 경구개음에서 조음되는데 중국어는 조음위치가 치음에서 나는 소리이다. 그리고 한국어에 없는 권설음 무기음 zh[tʂ], 권설음 유기음 ch[tʂ']이 있다. 또한 한국어 경구개음에서 나는 과도음 'ㅣ[j], ㅜ[ɥ]'에 대응되는 중국어 무기음 j[tɕ], 유기음 q[tɕ']이 있다.

(3) 마찰음

한국어 마찰음은 치조에서 조음되는 /ㅅ, ㅆ/과 성문에서 조음되는 /ㅎ/이 있는데, 중국어는 한국어보다 마찰음이 많다. 영어와 유사한 순치음 f가 있고, 치음 s가 있는데 이는 한국어 치조음 ㅅ[s]과 유사한 음이다. 그리고 한국어에 없는 권설음 sh[ʂ]이 있다. 중국어 경구개음 x[ɕ]은 한국어 경구개음 ㅅ[ʃ]와 유사한 음이다.[22] 또한 중국어의 연구개 마찰음 /h/은 한국어 성문 마찰음 /ㅎ/과 유사한 음인데, 조음위치가 한국어보다 조금 앞의 연구개에서 조음된다.

(4) 비음

중국어의 비음 /m/은 한국어의 /ㅁ/처럼 두 입술(양순)에서 나는 소

---

[22] 한국어 마찰음구개음화로 이[i] 모음이나 반모음 ㅣ[j] 앞에서 경구개음으로 바뀌는 현상이다. 예를 들어 한국어 '시'나 '샤, 셔, 쇼, 슈' 등은 그 음가가 치조음 'ㅅ'[s]에서 경구개음 'ㅅ'[ʃ]로 바뀌는 현상이다.

리이고, 중국어의 /n/은 한국어의 /ㄴ/처럼 윗잇몸(치조) 근처에서 나는 소리로 유사하다. 다만 중국어의 /n/은 한국어의 /ㄴ/보다 비음 현상이 더 강하고 조음위치도 치음에 가깝다.[23] 그리고 중국어 /ng/ 발음은 한국어의 비음 /ㅇ/(받침소리)과 유사한 발음이지만 중국어 ang[aŋ] 등 운모(韻母) 발음이다.

(5) 유음

한국어의 유음 'ㄹ'은 혀끝을 잇몸에 댄 채 공기를 그 양 옆으로 흘러 보내면서 내는 설측음 ㅣ[l]과, 혀끝을 잇몸에 가볍게 대었다가 떼는 탄설음(설전음) r[ɾ]로 발음된다. 한국어 설측음과 유사한 중국어 치조음에서 나는 소리 설측음 l[l]은 한국어와 차이가 있다. 한국어에서 '물[mul]'처럼 받침에서 나는 설측음이 아니라 '나라[nara]'에서처럼 모음 사이에서 나는 초성음, 즉 탄설음과 유사한 소리이다. 그리고 한국어의 치조음에서 나는 탄설음 r[ɾ]에 대응되는 중국어는 없고, 다만 권설음으로 발음돼 한국어와 실제로 그 소리가 다르다.

---

[23] 중국어의 /n/은 한국어 치조음 /ㄴ/보다 윗잇몸보다 조금 앞에 있어 치음과 치조음 중간 정도에서 나는 음이며, 혀끝을 윗잇몸에 더 세게 붙였다가 떼야 한다. 반면에 한국어/ㄴ/의 긴장도와 구강의 밀착정도는 중국어의 /n/보다 더 느슨한 편이다.

방법 \ 위치		양순음	순치음	치음	치조음	권설음	경구개음	연구개음	성문음
파열음	한	ㅂ[p] ㅃ[p'] ㅍ[pʰ]			ㄷ[t] ㄸ[t'] ㅌ[tʰ]			ㄱ[k] ㄲ[k'] ㅋ[kʰ]	
	중	b[p] p[pʰ]			d[t] t[tʰ]			g[k] k[kʰ]	
파찰음	한						ㅈ[ʧ] ㅉ[ʧ'] ㅊ[ʧʰ]		
	중 무기			z[ʦ]		zh[ʈʂ]	j[ʨ]		
	중 유기			c[ʦʰ]		ch[ʈʂʰ]	q[ʨʰ]		
마찰음	한				ㅅ[s] ㅆ[s']			h[x]	ㅎ[h]
	중		f[f]	s[s]		sh[ʂ]	x[ɕ]		
비음	한	ㅁ[m]			ㄴ[n]			ㅇ[ŋ]	
	중	m[m]			n[n]			ng[ŋ]	
유음	한				ㄹ[r, l]				
	중				l[l]	r[ɾ]			

3.3.3. 한국어와 베트남어의 자음체계

베트남어 자음은 'b, c, d, đ, g, h, k, l, m, n, p, q, r, s, t, v, x'의 단자음 17개와 'ch, gh, kh, nh, ng, ngh, ph, th, tr, gi'의 복자음 10개 등 모두 27개가 있다. 실제로 베트남어는 낱글자와 발음이 일대일 대응을 이루지 않아 다른 여러 자음들이 같은 음운으로 소리가 나기도 한다. 대표적으로 [k]는 'c, k, q' 3가지 자음으로 표기하고, [ŋ]는 'ng, ngh' 등과 같이 둘 이상의 자음으로 표기한다. 음성적으로 베트남어는 [p, b, t, tʰ, d, ṭ, c, k, f, v, s, z, ʂ, ꭓ ɣ, h, m, n, ɲ, ŋ, l, ʐ] 22개의 자음이 있다. 베트남어 자음은 조음위치에 따라 양순음 [b, p, m], 순치음 [f, v], 치경음 [t, tʰ, d, s, z, n, l], 권설음 [ṭ, ʂ, ʐ], 경구개음 [c, ɲ], 연구개음 [k, ꭓ ɣ, ŋ], 성문음 [h]으로 분류된다. 베트남어 자음을 조음방법에 따라 분류하면 파열음 [p, b, t, tʰ, d, ṭ, c, k], 마찰음 [f, v, s, z, ʂ, ꭓ ɣ, h], 비음 [m, n, ɲ, ŋ] 그리고 유음 [l, ʐ]으로 나눌 수 있다.

▌베트남어의 자음체계[24] ▌

조음 방법 \ 조음 위치		양순음	순치음	치경음	권설음	경구개음	연구개음	성문음
파열음	무성무기	p[p]		t[t]	tr[ṭ]	ch[c]	c, k, q[k]	
	무성유기			th[tʰ]				
	유성무기	b[b]		đ[d]				
마찰음	무성무기		ph[f]	x[s]	s[ʂ]		kh[ꭓ]	h[h]
	유성무기		v[v]	d, gi[z]			g, gh[ɣ]	
비음		m[m]		n[n]		nh[ɲ]	ng, ngh[ŋ]	
유음				l[l]	r[ʐ]			

한국어에는 [p, p', pʰ, t, t', tʰ, k, k', kʰ, ʧ, ʧ', ʧʰ, s, s', h]의 저지음 15개와 [m, n, ŋ]의 3개의 비음, [l]의 유음 1개로 모두 19개의 자음이 있다. 베트남어에는 [p, b, t, tʰ, d, ṭ, c, k, f, v, s, z, ʂ, ꭓ ɣ, h]의 저지음 16개와 [m, n, ɲ, ŋ]의 비음 4개, [l, ʐ]의 유음 2개로 모두 22개의 자음이 있다.

---

[24] Mai Ngọc Chừ(1997: 91-105) 참조.

한국어에서의 자음은 조음위치, 조음방법에 따라 분류하며 평음, 경음, 격음 등으로 분류할 수 있다. 반면에 베트남어에서의 자음은 조음위치, 조음방법, 유무성 여부와 기식의 유무에 따라 분류할 수 있다. 이에 따른 한국어 자음과 베트남어 자음체계를 정리하면 다음과 같다.

▌한국어와 베트남어의 자음체계 대조 ▌

위치 / 방법		양순음	순치음	치조음	권설음	경구개음	연구개음	성문음
파열음	한	ㅂ[p] ㅃ[p'] ㅍ[pʰ]		ㄷ[t] ㄸ[t'] ㅌ[tʰ]			ㄱ[k] ㄲ[k'] ㅋ[kʰ]	
	베	p[p] b[b]		t[t] th[tʰ] đ[d]	tr[t]	ch[c]	c, k, q[k]	
파찰음	한						ㅈ[ʧ] ㅉ[ʧ'] ㅊ[ʧʰ]	
	베							
마찰음	한			ㅅ[s] ㅆ[s']				ㅎ[h]
	베		ph[f] v[v]	x[s] d, gi[z]	s[ş]		kh[χ] g, gh[ɣ]	h[h]
비음	한	ㅁ[m]		ㄴ[n]			ㅇ[ŋ]	
	베	m[m]		n[n]		nh[ɲ]	ng, ngh[ŋ]	
유음	한			ㄹ[r, l]				
	베			l[l]	r[z]			

한국어 자음 'ㄱ, ㄷ, ㅂ, ㅅ, ㅈ' 등 예사소리에 대하여, 'ㅋ, ㅌ, ㅍ, ㅊ'와 같은 거센소리와 'ㄲ, ㄸ, ㅃ, ㅆ, ㅉ'와 같은 된소리로 각각 대립을 이루고 있는 데에 비하여 베트남어 자음은 'p, t, tr, ch, c, k, q, th, ph, x, s, kh, h'와 같은 무성음과 'b, đ, v, d, gi, g, gh'와 같은 유성음이 상호 대립을 이룬다. 이처럼 양 언어 간에 가장 큰 차이점은 한국어 자음은 파열음과 파찰음의 경우 '평음:격음:경음'의 삼지상관속 대응 관계이지만 베트남어 자음은 파열음과 마찰음의 경우는 유성과 무성의 대응 관계만 존재한다. 또한 한국어의 경구개 파찰음 'ㅈ, ㅊ, ㅉ'이 존재하지만 베트남어에서 존재하지 않는다. 그러므로 베트남어 학습자들의 경우 'ㅈ' 계열의 경개음을 발음하는 데에 가장 큰 문제라고 볼 수 있다.

다음으로 한국어의 비음에는 [m, n, ŋ]이 있으며 베트남어의 비음에는 [m, n, ɲ, ŋ]이 있다. 따라서 공통적으로 존재하는 자음은 [m, n, ŋ]이며 경구개음 [ɲ]는 베트남어에만 존재한다. 한국어의 비음에 대응하는 베트남어의 비음이 모두 있으므로 베트남어 학습자에게 한국어의 비음을 인식하고 발음하는 데에 별 어려움이 없다고 볼 수 있다.

유음을 살펴보면 공통적으로 존재하는 유음 [l]이 있다. 음성적으로 볼 때 한국어의 유음 'ㄹ'은 환경에 따라 초성으로 올 때 설전음 [r]로 발음하는 데 종성으로 올 때는 설측음 [l]으로 발음된다. 하지만 베트남어에는 'ㄹ'이 종성 자리에 올 수 없기 때문에 종성 자리에 오는 'ㄹ' 발음을 할 때 많은 어려움을 겪는다.

3.3.4. 한국어와 몽골어의 자음체계

몽골어는 35개의 음소가 있으며 이중 자음은 20개로 'ᄇ[p], ᄫ[v], ㄱ[k], [ɣ], ᄃ[t], ᄍ[dž], ᄌ[dz], ᄏ[kʰ], ᄅ[l], ㅁ[m], ㄴ[n], [ŋ], ᄑ[pʰ], ᄙ[r], ᄉ[s], ᄐ[tʰ], ᄫ[f], ㅎ[h], ᄯ[ts], ᄎ[tš], ᄑ[š], ᄑ[š']' 등으로 구성된다. 몽골어 자음은 조음방법, 조음위치, 유성과 무성으로 분류할 수 있다. 조음방법에 따라 파열음, 마찰음, 파찰음, 비음, 유음, 전동음으로 나눌 수 있고, 조음위치로는 양순음, 순치음, 치조음, 연구개음, 성문음으로 나눌 수 있다.[25]

❙ 몽골어 자음체계 ❚

조음 위치 조음 방식		양순음	순치음	치조음	경구개음	연구개음	성문음
파열음	평음	ᄇ[p]		ᄃ[t]		ㄱ[k]	
	경음						
	격음	ᄑ[pʰ]		ᄐ[tʰ]		ᄏ[kʰ]	
파찰음	평음			ᄯ[ts]	ᄍ[ʧ]		
	경음						
	격음			ᄑ[tsʰ]	ᄎ[ʧʰ]		
마찰음	평음		ᄫ[f]	ᄉ[s]		ᄑ[š]	
	경음		ᄫ[v]			ᄑ[š']	ㅎ[h]
비음		ㅁ[m]		ㄴ[n]			
유음				ᄙ[l]			
전동음				ᄙ[r]			

---

25 Banzragch Oyungerel(2011:13) 참조.

몽골어의 파찰음과 경구개음인 ㅊ[ts], ㅍ[tsʰ], ㅉ[ʧ], ㄼ[ʧʰ]의 4가지 자음은 서로 구별해서 발음하는 것이 어렵다. 그리고 몽골어는 한국어에 없는 순치음 ㄼ[f], ㅌ[v] 등이 있으며 된소리가 없다. 가장 비슷한 ㅍ[š]가 된소리 기능을 갖는다. 또한 몽골어에는 한국어 유음 ㄹ [r]인 설전음과 비슷한 전동음 ㅌ[r]이 있다. 대체로 한국어와 몽골어의 자음체계 음성목록은 유사한 것이 많은 편이다.

▎ 한국어와 몽골어 자음체계 대조 ▎

방법 \ 위치		양순음	순치음	치조음	권설음	경구개음	연구개음	성문음
파열음	한	ㅂ[p] ㅃ[p'] ㅍ[pʰ]		ㄷ[t] ㄸ[t'] ㅌ[tʰ]			ㄱ[k] ㄲ[k'] ㅋ[kʰ]	
	몽	ㄼ[p] ㅁ[b]		ㅍ[t] ㅍ[tʰ]			ㄷ[k] ㄴ[kʰ]	
파찰음	한					ㅈ[ʧ] ㅉ[ʧ'] ㅊ[ʧʰ]		
	몽			ㅊ[ts] ㅍ[tsʰ]		ㅉ[ʧ] ㄼ[ʧʰ]		
마찰음	한			ㅅ[s] ㅆ[s']				ㅎ[h]
	몽		ㄼ[f] ㅌ[v]	ㄷ[s]		ㅍ[š] ㅍ[š]		ㅈ[h]
비음	한	ㅁ[m]		ㄴ[n]			ㅇ[ŋ]	
	몽	ㅁ[m]		ㅂ[n]			[ŋ]	
유음	한			ㄹ[r, l]				
	몽			ㄳ[l], ㅌ[r]				

3.3.5. 한국어와 태국어의 자음체계

태국어의 문자는 타이문자로 자음 44자, 모음 21자로 이루어져
있다. 이중에서 현재 실제로 사용하는 자음은 42자이다. 태국어 자
음을 분류한다면 성조와 조음위치로 분류할 수 있다. 그리고 태국
어의 특성에 따라서 추가로 분류된다. 태국어의 언어적 특징은 성
조가 있다는 점이다. 같은 낱말이지만 성조가 다르면 의미가 달라
진다. 예를 들어 'มา'[ma]는 평성으로 '오다(come)'를 의미한다. 'ม้
า'[má]는 3성이며 '말(a horse)'이라는 의미이다. 그리고 'หมา'[mǎ]
는 4성이며 '개(dog)'라는 뜻이다. 같은 [ma]인데 성조에 따라 의미
가 달라진다.

┃ 태국어 자음 성조에 따른 분류 ┃

중자음 (middle-class consonants)	고자음 (high-class consonants)	저자음 (low-class consonants)	
		짝음자음 (paired consonants)	홀음자음 (unpaired consonants)
ก[k] จ[c] ฎ[d] ด[d] ฏ[t] ต[t] บ[b] ป[p]	ข [kʰ] ฉ [cʰ] ฐ [tʰ] ถ [tʰ] ผ[pʰ] ฝ[f]	ค[kʰ] ฅ[kʰ] ฆ[kʰ] ช[cʰ] ซ[s] ฌ[cʰ] ฑ[tʰ] ฒ[tʰ] ท[tʰ] ธ[tʰ] พ[pʰ] ภ[pʰ] ฟ[f]	ง[ŋ] ญ[y] ณ[n] น[n] ม[m]
อ [ʔ]	ศ[s] ษ[s] ส[s] ห[h]	ฮ[h]	ย[y] ร[r] ล[l] ว[w] ฬ[l]

태국어 자음은 고저에 따라 분류된다. 중자음은 'ก[k], จ[c], ฎ[d], ด
[d], ฏ[t], ต[t], บ[b], ป[p], อ [?]' 등 9자가 있고, 고자음은 'ข [kʰ], ฉ[cʰ], ฐ[t
ʰ], ถ[tʰ], ผ[pʰ], ฝ[f], ศ[s], ษ[s], ส[s], ห[h]' 등 11자가 있다. 그리고 저자음
은 총 24자 있는데 짝음자음과 홀음자음으로 나뉜다. 짝음자음은 'ค
[kʰ], ฅ[kʰ], ฆ[kʰ], ช[cʰ], ซ[s], ฌ[cʰ], ฑ[tʰ], ฒ[tʰ], ท[tʰ], ธ[tʰ], พ[pʰ], ภ[pʰ],
ฟ[f], ฮ[h]' 등 14자, 홀음자음은 'ง[ŋ], ญ[y], ณ[n], น[n], ม[m], ย[y], ร[r], ล
[l], ว[w], ฬ[l]' 등 10자가 있다.

그리고 조음위치에 따라 양순음, 순치음, 치음, 경구개음, 연구개음,
성문음으로 분류된다. 양순음으로 'บ[b], ป[p], พ[pʰ], ภ[pʰ], ม[m], ว[w]',
순치음으로 'ฝ[f], ฟ[f]'가 있다. 그리고 치조음으로 'ด[d], ต[t], ท[tʰ], น
[n], ซ[s], ร[r], ล[l]' 등이 있으며, 경구개음으로 'ก[k], ค[kʰ], ง[ŋ]', 연구
개음(velar)으로 'จ[c], ช[cʰ], ย[y]', 성문음으로 'อ[?], ฮ[h]' 음이 있다.

태국어는 유성음(voiced)과 무성음(voiceless)으로 나뉠 수 있다. 유
성음에는 'บ[b], ม[m], ว[w], ด[d], น[n], ร[r], ล[l], ย[y], ง[ŋ]', 무성음에는
'ฟ[f], ป[p], พ[pʰ], ต[t], ท[tʰ], ซ[s], จ[c], ช[cʰ], ก[k], ค[kʰ], อ [?], ฮ[h]' 등이
있다. 또한 유기음과 무기음으로 나뉘는데 유기음에는 'พ[pʰ], ท[tʰ],
ค[kʰ], ช[cʰ]' 등이 있고, 무기음에는 'บ[b], ป[p], ต[t], ด[d], จ[c], ก[k], อ
[?]' 등이 있다. 그리고 태국어 비강음에는 ม[m], น[n], ง[ŋ] 등이 있으
며 나머지는 모두 구강음이다.[26] 이에 태국어 자음체계를 표로 보이
면 다음과 같다.

---

26 분릿 코헹(2015) 참조.

┃ 태국어 자음체계 ┃

조음방법＼조음위치			양순음	순치음	치조음	경구개음	연구개음	성문음
파열음	무성음	무기음	ป [p]		ฏ, ต [t]	จ [c]	ก [k]	
		유기음	ผ, พ [pʰ]		ฐ, ฑ, ฒ, ถ, ท, ธ [tʰ]	ฉ, ช, ฌ [cʰ]	ข, ฃ, ค, ฅ, ฆ [kʰ]	
	유성음	무기음	บ [b]		ฎ, ด [d]			อ [ʔ]
마찰음	무성음			ฝ, ฟ [f]	ซ, ศ, ษ, ส [s]			ห, ฮ [h]
비음			ม [m]		ณ, น [n]		ง [ŋ]	
설측음					ล, ฬ [l]			
탄설음					ร [r]			
반모음			ว [w]		ญ, ย [y]			

　　한국어는 교착어(Agglutinative language)인 반면에 태국어는 어형변화가 없는 고립어(Isolating Language)이다. 한국어 자음과 태국어 자음을 비교해 보면 1대 다(여러 개의 음소 기호)로 나타난다. 예를 들어, 한국어의 'ㅅ[s]'에 대응되는 태국어는 'ซ, ศ, ษ, ส'가 있다. 이들 음소의 소리와 발음의 차이가 약간 있다. 또한 한국어 파열음 유기음에 대응되는 태국어에도 여러 개의 음소들이 있다. 예를 들어 'ㅌ[tʰ]'에 대응되는 태국어는 'ฐ, ฑ, ฒ, ถ, ท, ธ' 등이고, 한국어 'ㅋ[k]'에 대응되는 태국어는 'ข, ฃ, ค, ฅ, ฆ' 등이 있다.

　　그리고 한국어에 경음이 있지만 태국어에는 경음이 없으며, 한국어 평음과 격음의 구분, 즉 'ㄱ-ㅋ', 'ㄷ-ㅌ', 'ㅂ-ㅍ', 'ㅈ-ㅊ' 등의 발음 구분이 어렵다. 또한 한국어에는 파찰음이 있지만 태국어에는 파찰음이 없으며, 한국어에 없는 순치음이 태국어에는 있다. 이에 한국어와 태국어 자음체계를 비교하면 다음과 같다.

┃ 한국어와 태국어의 자음체계 대조 ┃

조음 방법 \ 조음 위치			양순음	순치음	치조음	경구개음	연구개음	성문음
파열음	한국어	평음	ㅂ[p]		ㄷ[t]		ㄱ[k]	
		경음	ㅃ[p']		ㄸ[t']		ㄲ[k']	
		격음	ㅍ[pʰ]		ㅌ[tʰ]		ㅋ[kʰ]	
	태국어	무기음 (무성음)	บ [p]		ฏ, ต [t]	จ [c]	ก [k]	อ [ʔ]
		유기음 (무성음)	พ, ภ [pʰ]		ฐ, ฑ, ฒ, ถ, ท, ธ [tʰ]	ฉ, ช, ฌ [cʰ]	ข, ฃ, ค, ฅ, ฆ [kʰ]	
		유성음	บ [b]		ฎ, ด [d]			
마찰음	한국어	평음			ㅅ[s]			
		경음			ㅆ[s']			
		격음						ㅎ[h]
	태국어	무성음		ฝ, ฟ [f]	ซ, ศ, ษ, ส [s]			ห, ฮ [h]
파찰음	한국어	평음				ㅈ[tʃ]		
		경음				ㅉ[[tʃ']		
		격음				ㅊ[tʃʰ]		
비음	한국어		ㅁ[m]		ㄴ[n]		ㅇ[ŋ]	
	태국어		ม [m]		ณ, น [n]		ง [ŋ]	
유음	한국어	유음			ㄹ[l/r]			
	태국어	설측음			ล, ฬ [l]			
		탄설음			ร [r]			

한국어 'ㅂ, ㅃ, ㅍ'에 대응되는 태국어 자음에는 'บ[b], ป[p], พ[pʰ]'가 있다. 한국어의 'ㅂ'[p]은 태국어 무성음인 'พ'[pʰ]로 들리게 된다. 태국어 'พ'[pʰ]는 한국어의 'ㅍ'과 비슷하지만 한국어의 'ㅍ'은 태국어의 'พ'[pʰ]보다 공기가 더 강하게 나오는 발음이다. 한국어 경음인 'ㅃ'[p]은 태국어 'ป'[p]로 들린다. 그리고 한국어 'ㄷ, ㄸ, ㅌ'에 대응되는 태국어 자음에는 'ด[d], ต[t], ท[tʰ]'가 있다. 한국어의 'ㄷ'[t]은 태국어의 'ด'[d]와 비슷한 소리로 볼 수 있으나, 한국어의 'ㄷ'은 무성음으로 태국어 유성음인 'ด'[d]가 아니라 무성음인 'ท'[tʰ]로 들리게 된다. 그리고 한국어 경음인 'ㄸ'[t]는 태국어 'ต'[t]와 유사한 발음이다. 한국어 자음 'ㄲ, ㅋ'에 대응되는 태국어 자음은 'ก[k], ค[kʰ]'가 있다. 그리고 한국어 파찰음 'ㅈ, ㅉ, ㅊ'이 있는데 한국어의 'ㅈ'은 태국어 자음 'จ'[c]와 비슷한 소리로 볼 수 있으나 태국어 무성음인 'ช'[cʰ]와 유사하다. 이처럼 태국인 학습자들은 한국어의 평음과 유기음인 'ㄱ-ㅋ', 'ㅂ-ㅍ', 'ㄷ-ㅌ', 'ㅈ-ㅊ' 소리를 구분하지 못한다.[27]

3.3.6. 한국어와 우즈벡어의 자음체계

한국어와 우즈벡어는 형태적인 측면에서 교착어(agglutinative language)로 볼 수 있다. 즉, 단어의 어근에 다양한 문법적 기능을 가진 접사들이 추가되고, 어순도 '주어 + 목적어 + 서술어'의 순서로 일치한다는 점에서 유사하다. 그러나 두 언어 사이에는 어휘적 유사성이 존재하

---

[27] 난티다(2020)의 "한국어음운교육론 보고서" 참조.

지 않아 두 언어가 동일한 어족에 속한다는 이론은 아직 정설로 받아들여지지 않고 있다.[28] 우즈벡어는 여러 가지 면에서 한국어와 유사하지만 인칭, 조사, 어미 등에 관련된 문법요소들을 나타내는 구체적인 방식에서 차이가 있다.

우즈벡어의 자음은 조음위치에 따라 다음과 같이 분류할 수 있다. 양순음으로 'b[b], p[p], m[m], v[w]' 등이 있으며, 순치음에 'f[∅]'가 있다. 그리고 치조음에 'd[ḓ], t[ṭ], z[z], s[s], n[n], l[l]' 등이 있고, 치경-경구개음[29]으로 ' j[dʒ], ch[tʃ], j[ʒ], sh[ʃ], r[r]' 등이 있다. 또한 연구개음으로 'g[g], k[k], ng[ŋ]' 성문음으로 'q[q], g'[ʁ], x[ʒ]' 등이 있으며 이와 유사한 후두음[30] 'h'[h]가 있다.

우즈벡어의 조음방법에 따라 파열음, 파찰음, 마찰음, 비음, 유음, 진동음으로 나눌 수 있다. 우선 파열음인 'b[b], p[p], d[ḓ], t[ṭ], g[g], k[k], q[q]', 파찰음에 'j[dʒ], ch[tʃ]', 마찰음에 'v[w], f[∅], z[z], s[s], j[ʒ], sh[ʃ], g'[ʁ], x[ʒ], h[h]' 등이 있다. 그리고 비음 'm[m], n[n], ng[ŋ]', 유음 'l[l]'과 떨리는 소리인 진동음으로 'r[r]'이 있다. 또한 무성음과 유성음으로 나눌 수 있는데, 저지음 유성음인 'b[b], d[ḓ], v[w], z[z], j[dʒ], j[ʒ], g[g], g'[ʁ], y[j]' 등과 무성음인 'p[p], t[ṭ], f[∅], s[s], ch[tʃ], sh[ʃ], k[k], x[ʒ], h[h], q[q]' 등이 있으며, 공명 유성음인 'm[m], n[n], ng[ŋ], l[l], r[r]' 등이 있다. 이에 우즈벡어의 자음체계를 제시하면 다음과 같다.[31]

---

28 유승만(2009:93-118) 참조.

29 치경-경구개음: 혀끝과 경구개 사이에서 나는 소리.

30 후두음 : 후두에서 마찰하여 내는 소리. 아랍어와 페르시아어에서 들어온 외래어 단어에서 사용된다.

	양순음		순치음	치조음		치조-경구개음		경구개음	연구개음		성문음		후두음
파열음	b [b]	p [p]		d [d]	t [t]				g [g]	k [k]		q [q]	
파찰음						j [dʒ]	ch [tʃ]						
마찰음	v [w]		f [ɸ]	z [z]	s [s]	j [ʒ]	sh [ʃ]				g' [ʁ]	x [χ]	h [h]
비음	m [m]			n [n]					ng [ŋ]				
유음				l [l]									
진동음				r [ɾ]									
	유성음	무성음	무성음	유성음	무성음	유성음	무성음	유성음	유성음	무성음	유성음	무성음	무성음

한국어와 우즈벡어의 자음체계는 유사점이 많지만 우즈벡어에는 순치음이 있고, 경우개음이 없다. 또한 한국어 경음인 /ㅃ, ㄸ, ㄲ, ㅆ, ㅉ/와 거센소리인 /ㅍ, ㅌ, ㅋ/가 없어 이에 대한 발음이 어렵다. 그리고 한국어와 발음 위치가 다른 파찰음인 /ㅈ, ㅊ/가 있다. 이에 한국어와 우즈벡어 자음체계 대조를 제시하면 다음과 같다.

---

31 딜푸자(2019)의 "한국어음운교육론 보고서" 참조.
32 H.Jamolxonov(2005:63) 참조.

▌한국어와 우즈벡어 자음체계 대조 ▌

		양순 · 양순음 (한)	양순 · 양순음 (우)	양순 · 순치음 (우)	전설·중설 · 치경음 (한)	전설·중설 · 치경음 (우)	전설·중설 · 치경-경구개음 (우)	전설·중설 · 경구개음 (한)	전설·중설 · 경구개음 (우)	후설 · 연구개음 (한)	후설 · 연구개음 (우)	성문음 (한)	성문음 (우)	후두음 (우)
파열음	무성	ㅂ	p [p]		ㄷ	t [t]				ㄱ	k [k]		q [q]	
	무성	ㅃ			ㄸ					ㄲ				
	무성	ㅍ			ㅌ					ㅋ				
	유성		b [b]			d [d̪]					g [g]			
파찰음	무성							ㅈ						
	무성							ㅉ						
	무성						ch [tʃ]	ㅊ						
	유성						j [dʒ]							
마찰음	무성			f [ɸ]	ㅅ	s [s]	sh [ʃ]					ㅎ	x [x̥]	h [h]
	무성				ㅆ									
	무성													
	유성		v [w]			z [z]	j [ʒ]						g' [ʁ]	
비음		ㅁ	m [m]		ㄴ	n [n]				ㅇ	ng [ŋ]			
유음					ㄹ	l [l]			y [j]					
전동음						r [ɾ]								

3.3.6. 한국어와 터키어의 자음체계

터키어 자음체계는 우선 조음위치에 따라, 양순음, 순치음, 치경음, 구개음, 연구개음, 후두음 등으로 분류된다. 양순음은 'p, b, m', 순치음은 'f, v', 치경음은 't, d, s, z, n, l, r', 구개음은 'ç, c, ş, j', 연구개음은 'k, g, ğ, y' 그리고 후두음은 'h'이다.

조음방법에 따라 폐쇄음(파열음), 파찰음, 마찰음, 비음, 유음, 반모음으로 이루어진다. 하지만 터키어는 조음방법에 따라 평음, 경음, 격음이 아니고 유성음, 무성음으로 나누어져 있다는 점을 주의해야 한다. 터키어 유성 자음은 'b, c, d, g, j, l, m, n, r, v, y, z'이고, 무성 자음은, 'ç, f, h, k, p, s, ş, t'이다.

┃ 터키어의 자음체계 ┃

조음방법＼조음위치		양순음	순치음	치경음	구개음	연구개음	후두음
폐쇄음	무성	p		t		k	
	유성	b		d		g	
파찰음	무성				ç		
	유성				c		
마찰음	무성		f	s	ş		h
	유성		v	z	j	ğ	
비음	유성	m		n			
유음	유성			l, r			
반모음	유성					y	

터키어와 한국어는 유사점들이 많기도 하지만 서로 간에 존재하지 않는 자음 및 모음이 있다. 터키어의 조음위치는 주로 양순음, 순치음, 치경음, 경구개음, 연구개음, 성문음 등으로 이루어진다. 이에 순치음에 해당하는 한국어 자음이 존재하지 않아 터키어 'f, v'에 대응하는 한국어 음운이 없다. 또한 한국어에 존재하지 않는 자음은 'f, ğ, j, v, y, z' 등이다. 반면에 터키어에 존재 하지 않는 자음은 'ㄲ, ㄸ, ㅃ, ㅆ, ㅉ (경음)'과 'ㅇ'이다. 그리고 한국어 파열음과 파찰음은 평음(ㅂ,ㄷ,ㄱ ; ㅈ), 격음(ㅍ,ㅌ,ㅋ ;ㅊ), 경음(ㅃ,ㄸ,ㄲ ; ㅉ)으로 분류되지만 터키어 파열음과 파찰음은 유성과 무성으로 분류된다. 터키어 파열음 유성음은 'b, d, g, ğ'이고, 무성음은, 'p, t, k'이다. 또한 터키어 파찰음 유성음은 'c'이고 무성음은 'ç'이다.[33]

다음으로 한국어 마찰음은 모두 무성음으로 평음과 경음의 'ㅅ, ㅆ'과 성문음 'ㅎ'이 있다. 터키어 마찰음에도 유성과 무성이 존재하는데, 터키어 유성음은, 'f, z, s, ş, h'이고 무성음은, 's'이다. 또한 한국어 유음은 'ㄹ'로 받침에서는 설측음 [l]로, 초성에 오는 설전음은 [r]로 발음된다. 이에 대응되는 터키어 유음은 'l'과 'r' 이다. 그리고 한국어 비음은 'ㅁ, ㄴ, ㅇ'인데 터키어 비음은 'm'과 'n'이다. 고대 터키어에는 'ㅇ' 발음이 존재하였지만 현재에는 'ㅇ' 음가가 없다.[34]

이에 한국어와 터키어 자음체계를 보이면 다음과 같다.

---

33 메르베(2019)의 "한국어음운교육론 보고서" 참조.
34 Korkmaz Zeynep(1995:16) 참조.

한국어와 터키어 자음체계 대조[35]

조음위치 / 조음방법	양순 Bilabial Çiftdudaksıl	순치 Labiodental Dişdudaksıl	치경 Alveolar Dişyuvasıl	경구개 Palatal Damaksıl	연구개 Velar Artdamaksıl	성문 Glottal Gırtlaksıl
파열음 Stops Kapantılı — 터키유성음	b		d		g	
무성음	p		t		k	
한국 평음	ㅂ		ㄷ		ㄱ	
격음	ㅍ		ㅌ		ㅋ	
경음	ㅃ		ㄸ		ㄲ	
파찰음 Affricates Yarıkapantı — 터키 유성음				č		
무성음				čʰ		
한국 평음				ㅈ		
격음				ㅊ		
경음				ㅉ		
마찰음 Fricatives Sürtüşmeli — 터키 유성음		f	z	ş	ğ	h
무성음			s			
한국 평음			ㅅ			ㅎ
경음			ㅆ			
유음 Laterals Yan ünsüz — 터키 유성음			l, r			
한국 유성음			ㄹ			
비음 Nasals Genizsil — 터키 유성음	m		n			
한국 유성음	ㅁ		ㄴ		ㅇ	
반모음 Glides Yarıünlü — 터키 유성음		v		j	y	
한국 유성음						

---

[35] 튀릌외쥬(2009:87) 참조하되 터키어의 'ğ'와 반모음 'y'에 대한 기술이 없어 추가하였음.

제4장
한국어의 운소

한국어 말소리의 이해

음운(音韻)은 음소(音素, phoneme)와 운소(韻素, prosody)로 분류된다. 음소는 더 이상 작게 나눌 수 없는 음운론상의 최소 단위로 하나 이상의 음소가 모여서 음절을 이루며, 자음과 모음으로 분류된다. 운소는 단어의 의미를 분화하는 데 관여하는 음소 이외의 운율적 특징으로 소리의 높낮이, 길이, 세기 따위가 있다. 한국어에서는 같은 모음을 특별히 길게 소리 냄으로써 단어의 뜻을 분별하는 기능을 갖는 경우가 많다. 이처럼 소리의 길이는 뜻을 구별하여 준다는 점에서 자음이나 모음과 같은 기능을 갖는다.

운소(韻素, prosody)라는 술어는 전통적으로 시(詩)를 분석하는 데 사용하는 운율구조(metrical structure) 또는 시작법(詩作法, versification)의 뜻으로 사용되었던 운율학(metrics)의 용어였다. 언어학에서 사용하는 운소도 일반적으로 말소리의 운율적 구조에 관한 연구를 포함한다. 이와 같이 언어의 운율적 특성에 관련시켜 광범한 의미로 사용되고 있다. 그러나 언어학에서 사용하는 협의로서의 운소는 다음의 두 가지에 관한 연구에 한정된다. 첫째로, 음절에 관계되는 음장(音長), 강세(強勢), 성조(聲調) 등에 관한 연구와, 둘째로 음성적 구절과 문장에 관련된 억양에 관한 연구를 말한다. 학자에 따라서는 운소를 초분절소(超分節素, suprasegmentals)라는 용어를 사용하기도 한다. 운소의 조건에서 가장 중요한 것은, 적어도 그것이 어의(語義)의 분화에 쓰이는 변별적 자질에 속하는 운율을 지칭할 때 사용된다는 점이다.[36]

---

36 이철수·문무영·박덕유(2010:84-93) 참조.

4.1. 음장(音長, length)

분절음의 상대적 길이를 음장(length) 또는 음량(quantity)이라 한다. 어떤 분절음은 실제적으로 그 음을 산출하기 위하여 다른 음보다 더 길게 발음한다. 전형적으로 긴장(緊張)모음은 이완(弛緩)모음보다 더 길게 발음하며, 저모음(低母音)은 고모음(高母音)보다 더 길게 발음하고, 이중모음은 단모음보다 더 길어진다. 그러나 이러한 분절음의 길이를 운소라고 하지는 않는다. 말소리의 상대적 길이가 개별 언어들에서 단어의 의미를 변별할 때에만 지칭된다. 분절음의 상대적 길이, 즉 음장(音長)에는 모음의 음장과 자음의 음장이 있다.

(1) 모음 음장

모음은 그 발음하는 길이가 상대적으로 길거나 혹은 더 짧은 형식으로 나타난다. 영어와 같은 언어에서는 모음의 상대적 길이가 단어의 의미변별에 별로 중요시되지 않지만, 한국어를 비롯하여 독일어와 같은 언어는 모음의 상대적 길이가 매우 중요한 구실을 한다. 특히 독일어에 있어서는 모음의 상대적 길이가 철자상에 반영되고 있으며, 이를 바탕으로 하여 다른 단어와 구별한다. Staat(국가, 정부)/ Stadt(도시), Rose (장미)/Rosse(馬), Beten(사탕무)/Betten(침대), Ruhm(영광)/Rum(럼酒) 등에서와 같이 전자는 후자보다 긴 모음을 갖는다.

한국어에서도 말[馬]/말:[言], 눈[目]/눈:[雪], 밤[夜]/밤:[栗], 발[足]/발:[簾], 방화(防火)/방:화(放火), 사과(沙果)/사:과(謝過) 등에서와 같이, 후자의 모음은 전자의 모음보다 상대적으로 긴 모음이다.

(2) 자음 음장

자음도 모음과 같이 상대적으로 길거나 짧은 형식을 나타내기도 한다. 이와 같은 자음의 상대적 길이를 자음 음장(consonant length)이라 한다. 스웨덴어 [t'a:k'](지붕)/[t'ak':](고맙다)나, 에스토니아어 kino(극장)/kinno(극장으로) 등은 자음의 상대적 길이, 즉 자음 음장으로 의미를 구별한다. 특히 에스토니아어에서는 짧은소리, 긴소리, 아주 긴소리 등과 같은 자음의 3가지 음장이 있다.[37] 예컨대, [lina](亞麻)/[lin:a](도시의)/[lin::a](그 도시의) 등을 들 수 있다.

(3) 음장 표시

분절음의 음장 표시는 음장 분절음 다음에 장음 기호 [:]를 한다. 장음 a는 [a:]로, 장음 n은 [n:]로 표시한다. 또한 두 개의 분절음을 이어 써서 장음을 나타내기도 한다. 즉, [aa]=[a:], [nn]=[n:]

(4) 음박(音拍)

음박은 라틴어의 모라(mora)에 해당되는 말로 음절을 발음하는 음장의 단위를 말한다. 음절이 소리의 마디, 즉 청각적 단위인 데 비하여 음박(mora)은 시간의 마디, 즉 시간적 단위가 된다. 음절은 어느 언어에서도 존재하는 현실적 단위이지만, 음박은 제한된 언어에 한하여 존재하는 가상적 단위에 속한다. 분절음의 상대적 길이에 있어서 일반적으로 1음박 이하를 단음(短音)이라 하고, 2음박 이상을 장음

---

37 Clarence Sloat et al(1978: 47) 참조.

(長音)이라 한다.

(5) 음장 언어

분절음의 상대적 음장을 변별적 자질로 가지는 언어를 음장 언어 (chrone language)라 하고, 이러한 음장을 음장소(音長素, chroneme)라 고 한다.[38] 현대 국어는 모음의 길이로 어의(語義)가 분화되는 최소 대립어가 많다.

(6) 음절시간 리듬

한국어는 다른 언어(특히 영어)와는 달리 음절의 음량(音量, quantity), 즉 음절의 상대적 길이를 잘 나타내야 발화의 흐름이 잘되어지는 음 절시간(音節時間 리듬, syllable timed rhythm)의 언어에 속한다. 영어 와 같은 개별언어는 발화의 흐름이 일정한 강세시간(強勢時間 리듬, stress timed rhythm)을 가지고 있어서 강세리듬을 바로 나타내야 발 화의 흐름이 잘되어 유창한 말로 인식된다.

4.2. 강세(強勢, stress)

단어나 구절 안에서 음절의 상대적 현저도(顯著度, prominence)를 강세(stress)라고 한다. 영어를 비롯한 많은 언어에서 단어를 이룬 어

---

[38] D. Jones(1962: 121) 참조.

떤 음절은 다른 음절보다 상대적으로 특출한 강세를 갖는다. 영어의 경우, 다음과 같은 예는 강세의 위치에 따라 단어의 품사가 달라지는 경우다. 즉 pérmit(허락)/permít(허락하다), ínsert(삽입)/insért(삽입하다), ímport(수입)/impórt(수입하다), súbject(주제, 복종하는)/subjéct(복종시키다) 등은 그 대표적인 예다. 그리고 스페인어의 canto(나는 노래한다)/cantó(그는 노래했다)나, 이태리어 parlo(나는 말한다)/parlò(그는 말했다) 등은 강세의 유무로 동사의 형태를 구분하는 예다. 이와 같이 단어나 구절에서 다른 음절보다 현저도가 큰 음절을 강세음절(强勢音節, stressed)이라 하고, 이 강세 음절로 어의(語義)를 변별하는 언어를 강세언어(强勢言語, stress language)라 이른다. 영어의 음절은 소리가 상승하는 음고(音高, pitch)와 소리가 증가되는 음강(音强, loudness) 그리고 음장(length) 등의 결합에 의하여 강세를 이루는 언어라 하겠다.[39]

체코어나 헝가리어 등은 언제나 강세의 위치가 첫음절에 고정되어 있는데, 이 강세는 어의(語義)를 분화하는 변별적 자질의 기능이 없다.

전통적으로 강세표시는 양음(揚音) 부호 [´]나 억음(抑音) 부호 [`]와 같은 강세부호를 사용하며, 또한 부호 대신 숫자를 사용하는 방법도 있다.

---

[39] Fry, Dennis(1955: 765-768) 참조.

제1강세   [′], [¹]

제2강세   [ˆ], [²]

제3강세   [`], [³]

제4강세   [ˇ], [⁴]

강세에는 영어, 산스크리트어, 그리스어 등과 같이 강세 위치가 일정하지 않은 가변적 강세(variable stress)와 핀란드어, 체코어, 헝가리어 등과 같은 제1강세가 항상 단어의 첫음절에 놓이는 고정적 강세(fixed stress)가 있다. 고정적 강세는 한 발화에서 독립 단어의 수를 가리키는 정점적 기능(頂点的, culminative function)을 제공할 뿐 아니라 단어의 처음과 끝을 표시하는 경계적(境界的 기능, demarcative function)과 관련되어 있다.

4.3. 성조(聲調, tone)

음고(音高, pitch)는 언어에 따라서 서로 다른 구실을 한다. 동일한 분절음의 연쇄라도 상대적으로 상이한 음고(音高)로 발음하면 여러 가지 다른 의미를 가지게 될 수도 있다. 이와 같이 낱말의 뜻을 분화하는 변별적 기능을 가진 음의 고저, 즉 음고의 변이(pitch variation)를 성조(聲調, tone)라 한다. 이와 같이 성조가 낱말의 뜻을 변별하는 데 사용하는 언어를 성조언어(聲調言語, tone language)라 이른다. 그리고 성조 구별의 단위를 성조소(聲調素, toneme)라 하는데, 두 개의 단어가, 음소(音素)는 동일한데 의미가 서로 다를 경우 강세나 그 밖의 외적 조건을 배제하여 그 차이가 오직 음고(音高)의 대립에 기인할 경우, 이 대립의 최소단위에 음소론적(音素論的) 의미를 부여하여 이 단위를 성조소(聲調素)라 지칭하는 것이다.[40]

성조의 기능은 강세의 그것과 아주 다르다. 성조에는 정점(頂点) 기능과 구획(區劃), 즉 경계 기능이 없다. 성조는 단어의 처음과 끝을 표시해 주지 않는다. 제1의 음고(音高)는 한 단어에서 한 음절 이상에 걸쳐 나타날 수도 있다. 트위어에서 kúkú(통증), sísí(곰)과 같이 한 단어 내의 두 음절이 모두 고음 성조이다.

(1) 성조 표시

성조 표시도 강세 표시와 비슷한 양음(揚音) 부호 [´], 억음(抑音) 부호 [`], 복합부호 [ˇ] 등의 성조부호를 사용한다. 그리고 숫자를 사용하기도 한다.

두 가지 성조체계를 가진 경우: 트위語와 같이 고조(高調)와 저조(低調)의 두 가지 성조만을 가진 언어는 양음부호 [´] 하나만으로 표시한다. 즉, 고조에만 양음부호를 하고, 저조에는 무표로 한다.

高調—高調   pápá   훌륭한
低調—高調   papá   아버지
低調—低調   papa   종려나무 부채

---

40 Kenneth L. Pike(1976: 105) 참조.

세 가지 성조체계를 가진 경우가 있다. 요루바(Yoruba)말과 같이 고조, 저조, 중조의 세 가지의 성조체계를 가진 언어는 양음 부호와 억음 부호만으로 나타낸다. 고조는 양음 부호 [], 저조는 억음 부호 [], 중조(中調)는 부호 없이 무표로 표시한다.

고조(高調)	kán	깨뜨리다
저조(低調)	kàn	도달하다
중조(中調)	kan	(맛이)신

네 가지 성조체계를 가진 경우가 있다. 중국 관화(官話, Mandarin Chinese)와 같이 사성(四聲) 체계를 가진 언어는 1성인 고조(高調, high)는 무표, 2성인 상승조(上昇調, rising)는 [ˊ], 3성인 하강-상중조(下降-上昇調, fall-rise)는 [ˇ], 4성인 하강조(下降調, falling)는 [ˋ]로 표시한다.

고조(high)	[¹]	[ma]	媽(어머니)
상승조(rising)	[²]	[má]	麻(삼), 痲
하강-상중조(fall-rise)	[³]	[mǎ]	馬(말)
하강조(falling)	[⁴]	[mà]	罵(꾸짖음)

(2) 한국어의 성조

15세기 국어와 경상도 방언 혹은 함경도 방언에는 성조가 있는 것으로 알려져 있다. 또한, 15세기 국어는 저조(低調)와 고조(高調)의 두 평판조(平板調)를 성조소(聲調素)로 하는 성조언어(聲調言語)였다고들 말한다. 저조는 평성(平聲)이라 하여 방점(傍點) 표시를 하지 않았으며, 고조를 거성(去聲)이라 하고 방점 하나를 찍어 이를 표시했다. 상성(上聲)은 저조와 고조의 복합으로서 두 점을 찍어 표시했다.

```
<평성>        <거성>         <상성>
불(臂)       ·풀(蠅)        :말(語)
비(梨)       ·비(舟)        :돌(石)
서리(霜)     ·서리(間)      :눈(雪)
뫼(진지)     ·말(斗)        :움(芽)
```

그리고 평성과 거성이 합하면 상성이 되었다.

부텨 + ㅣ(거성) → 부:톄
너(汝) + ㅣ(거성) → :네

이와 같은 현상은 상성이 평성과 거성의 복합임을 말해 주고 있다. 이 상성이 오늘날 표준어에서 보통 장음으로 실현되고 있다. 오늘날 경상도 방언에서는 음의 고저만으로 변별되는 최소대립어가 존재하고 있으니, 오늘날 국어의 일부 방언에 성조가 존재하고 있음을 말해주고 있다.

그리고 다음과 같이 고조와 저조로 어의(語義)를 구별하기도 했다.

말(斗) / 말(馬)

초(燭) / 초(醋)

기(耳) / 기(旗)

피(血) / 피(稷)

4.4. 연접(連接, juncture)

발화 내부의 한 단어(혹은 형태소)에서 다른 단어로 이행하는 소리의 양식이나, 하나의 발화에서 다른 발화에 이행하는 음의 이행방식을 연접(juncture)이라 한다. 연접에는 내부연접과 구말연접(句末連接)이 있다.

4.4.1. 내부연접(內部連接, internal juncture)

한 단어에서 다른 단어로 이행하는 음의 이행방식을 내부연접(internal juncture)이라 한다. 가령 영어의 a name(이름)과 an aim(목적)은 음의 연속이라는 점에서는 둘 다 [əneim]으로서 구별되지 않는다. 그러나 a name은 [ə+neim] (/+/는 개방연접 기호임)이고, an aim은 [ən+eim]으로서 어디에 개방연접이 오느냐에 따라 전혀 뜻이 달라진다. 이와 같이 두 형태소나 단어 사이를 띄지 않고 연결하는 연접을 폐쇄연접(閉鎖, close juncture)이라 하고, 단어 사이에 약간의 휴지(休止)를 두어 띄어진 연결로 이행하는 연접을 개방연접(開放, open juncture, plus transition)이라 한다. 이때 /+/는 하나의 연접음소(連接音素)로서 두 단어 사이에 연접음소 /+/가 나타남으로써 앞의 것과 구별된다고 본다.

밤낮/밤⁺낮, 큰집/큰⁺집, 나눈다/난⁺운다, 자란다/잘⁺안다
I scream/ice·cream, a nice man/an·ice man, a tease/at·ease
nitrate/night·rate

　개방연접보다 약간 길게 쉬는 장휴지(長休止)가 있다. 예컨대 "아니 놀고 있다"와 같이 '아니'와 '놀고'의 사이를 개방연접 이상의 장휴지(長休止)로 쉬는가의 여부에 따라 문장의 뜻이 전혀 달라진다. 이와 같이 장휴지로 이어지는 연접을 휴지연접(休止連接, pause juncture)이라 하여 개방연접과 구별한다. 이 휴지연접의 운소표시는 /→/로 표시한다. 다음의 예들은 휴지연접으로 문장의 뜻이 달라지는 경우다.

애교가 많은 → 포리의 친구
애교가 많은 포리의 → 친구
아빠는 → 엄마와 동생을 집에 데려다 주었다.
아빠는 엄마와 → 동생을 집에 데려다 주었다.
내가 좋아하는 → 친구의 동생
내가 좋아하는 친구의 → 동생
젊은 → 신사와 부인이 정답게 이야기를 나눈다.
젊은 신사와 → 부인이 정답게 이야기를 나눈다.

국어 정서법에서는 개방연접을 띄어쓰기로, 휴지연접을 문장부호 쉼표로써 어절 경계를 나타낸다.

개방연접: 밤 낮 / 큰 집 / 난 운다 / 잘 안다
휴지연접: 키가 큰, 형의 친구 / 키가 큰 형의, 친구
　　　　　나는, 철수와 영호를 달래주었다. / 나는 철수와, 영호를 달래주었다.

개방연접(띄어쓰기)과 휴지연접(쉼표)을 사용하여 아래 예문을 나누면 다음과 같다.

(1) 아이가방에들어간다.
　　① 아이가 방에 들어간다.
　　② 아이 가방에 들어간다.

(2) 오늘밤나무사온다.
　　① 오늘 밤나무 사온다.
　　② 오늘밤 나무 사온다.
　　③ 오늘밤 나 무 사온다.
　　④ 오늘 밤, 나무 사온다.
　　⑤ 오, 늘 밤, 나무 사온다.
　　⑥ 오늘밤 나무사(羅武士) 온다.

4.4.2. 구말연접(句末連接, terminal juncture)

발화의 끝에 덧붙여지거나 어구(語句)의 마지막에 얹혀져 발음되는 억양을 구말연접(句末, terminal juncture) 또는 구말억양(termination), 구말곡선(terminal contour), 말미연접(末尾連接)이라고도 한다. 이 구말연접은 문장의 서법(敍法)양식을 나타내는 은시적(隱示的) 표지이기도 하다. 한국어의 경우, 현시적(顯示的) 문장의 종결양식은 종결어미에 의하여 나타내지만 구말연접은 구말억양으로써 문장의 서법양식을 나타낸다. 다음 문장에서 구말억양은 변별적 자질의 구실을 한다.

① 지금 도서관에 가요. /↓/ 하강연접(평서)
② 지금 도서관에 가요? /↑/ 상승연접(의문)
③ 지금 도서관에 가요. /→/ 평조연접(원망=바람)
④ 지금 도서관에 가요 /↕/ 단절연접(명령)

①은 문장의 끝이 서서히 약하게 되는 하강조로 화자가 단순히 자신의 행위를 서술하는 경우이다. ②는 문장의 끝이 상승조로 화자가 추정하여 알고 있는 사실을 청자에게 묻는 경우이다. ③은 문장의 음고를 그대로 유지하는 수평조의 억양으로 화자의 말이 끝나지 아니하고 화자의 바람을 갖고 청자의 반응을 기다리는 경우이거나 화자가 결정이 모호하여 끝을 맺지 못하고 발화가 계속 될 것을 암시하는 경우로 볼 수 있다. 그리고 ④의 경우는 강세가 지속되다가 갑자기

상승하면서 중단되는 화자의 강한 의도일 수 있다.

이처럼 문장 끝의 억양을 어떻게 하느냐에 따라 문장의 종결 유형이 달라질 수 있다. 문장의 끝을 낮추면 부드러운 느낌의 평서문이나 청유문의 의미를 나타낸다. 문장의 끝을 올리면 질문에 대한 대답을 요구하는 의문문이 되고, 문장의 끝을 갑자기 상승시켰다가 중단시키는 경우는 청자에게 직접적으로 지시하는 강한 느낌의 명령문의 의미를 나타낸다.

이러한 구말연접은 영어에서도 동일하개 나타난다.

    2   3   1
    John is my friend ↓ 하강연접(단순한 서술)

    2   3   4
    John is my friend ↑ 상승연접(놀란 질문)[41]

    2   3
    John is my friend → 평조연접(다음 말이 계속되기 전의 중단 상태)

(1) 하강연접(下降連接, falling juncture)

구말음절(句末音節)을 서서히 약하게 하여 침묵으로 끝나는 것을 하강연접(falling juncture)이라고 한다. 하강연접의 운소 표시는 /↓/ 또는 /#/로 표시한다. 경험을 통하여 아는 단정(斷定)이나 단순한 서

---

41 의문문이라고 해서 모두 상승연접은 아니다. who, where, what, why와 같은 wh- 의문사로 인도된 의문문은 흡사 평서문처럼 발음하는데, 소리가 좀더 낮은 평조로 떨어진다. 이와 반대로 yes-no 의문문은 오히려 중단된 발화처럼 되어 역시 평조로 끝난다.

술을 나타낸다. 또한 의문문이라도 화자의 의도는 이미 단정하는 의미를 가지고 있으나 예의상 또는 편의상 묻는 형식을 취할 경우, 그리고 반어의문문[42]일 경우에도 하강연접이다.

아, 그런가요?

요즘 건강하시지요?

민희한테 차 한잔 못 사 줄까?

(2) 상승연접(上昇連接, rising juncture)

구말음절을 약간 끄는 것은 전자와 같지만 소리의 음세(音勢)가 지속되다가 갑자기 중단되고 음고(音高)가 예리하게 상승되는 구말연접을 상승연접(上昇連接, rising juncture)이라 한다. 상승연접의 운소 표시는 /↑/ 또는 /‖/로 표시한다. 추정을 통하여 아는 의문이나 놀란 의문 등은 끝의 음조가 상승한다. 의문문에서도 질문의 초점이 어디, 언제, 누구, 왜 등에 놓이면 상승되지 않고, 의문을 나타내는 말에 놓이면 상승억양이 된다.

어디 아프세요?

언제 떠나신다고요?

왜 우셨어요?

---

[42] 문장의 형식은 물음을 나타내나 답변을 요구하지 아니하고 강한 긍정 진술을 내포하고 있는 의문문이다.

지금 떠나시나요?

다시 오나요?

오늘 날씨가 좋은가요?

(3) 평조연접(平調連接, level juncture)

구말음절을 길게 끌고 음고(音高)를 그대로 지속하는 구말억양을 평조연접(level juncture)이라 한다. 평조연접의 운소 표시는 /→/ 또는 [|]로 표시한다. 평조연접은 화자의 말이 똑 떨어져 끝나지 아니하고 청자의 반응을 기다리거나 청자로 하여금 그렇게 해 주기를 바라는 당부의 표현으로 원망(願望)이나 바람 등을 나타내는 경우이다.

곧 눈이 올 것 같은데

길이 미끄러우니 조심해서 다녀 와

(4) 단절연접(斷絕連接)

구말음절에 강세가 지속되다가 갑자기 상승하면서 중단되는 구말억양을 단절연접이라 한다. 단절연접은 명령의 뜻을 나타내며, 단절연접의 운소 표시는 / ↕ /로 표시한다.

일어서 ↕   빨리 와 ↕   가시오 ↕   Get out ↕

단절연접은 청자에게 요구하는 직접적인 영령이나 화자의 느낌을 표현하여 청자의 행위를 중단시키려는 욕구적 기능에 속한다.

4.5. 소리의 장단

한국어에는 음소가 동일한 단어의 모음을 특별히 길게 소리를 냄으로써 단어의 뜻을 구별하는 경우가 있다. 일종의 운소에 해당된다.

(1) 소리의 장단에 따라 뜻이 분별되는 말

눈:[雪] - 눈[目]   밤:[栗] - 밤[夜]

발:[簾] - 발[足]   장:[將, 醬] - 장[場]

벌:[蜂] - 벌[罰]   손:[損] - 손[手]

배:[倍] - 배[梨, 舟]   매:[鷹] - 매[磨石, 회초리]

돌:[石] - 돌(생일)   굴:[窟] - 굴(굴조개)

고:적(古蹟) - 고적(孤寂)   광:주(廣州) - 광주(光州)

부:자(富者) - 부자(父子)   방:화(放火) - 방화(防火)

유:명(有名) - 유명(幽明)   적:다(小量) - 적다(記錄)

갈:다(耕) - 갈다(代)   곱:다(麗) - 곱다(손이)

가:정(假定) - 가정(家庭)   무:력(武力) - 무력(無力)

걷:다(步) - 걷다(收)   영:리(怜悧) - 영리(營利)

대:전(大戰) - 대전(大田)   이:사(理事) - 이사(移徙)

사:실(事實) - 사실(寫實)   묻:다(問) - 묻다(埋)

달:다(물이 졸아 붙다, 다오) - 달다(甘)

말:다(勿) - 말다(卷)   잇:다(續) - 있다(有)

성:인(聖人) - 성인(成人)

(2) 긴소리의 위치

긴소리는 일반적으로 단어의 첫째 음절에서 나타난다.

명사: 곰:보, 그:네, 대:추, 자:랑, 호:박

동사: 긋:다, 깁:다, 놀:다, 살:다, 울:다

형용사: 검:다, 멀:다, 좋:다, 참:하다, 가:엾다

부사: 모:두, 진:작, 아:무리

모음의 장단을 구별하여 발음하되, 단어의 첫음절에서만 긴소리가 나타나는 것을 원칙으로 한다.[43]

① 눈보라[눈:보라]　　　말씨[말:씨]

　　밤나무[밤:나무]　　　많다[만:타]

　　멀리[멀:리]　　　　　벌리다[벌:리다]

② 첫눈[천눈]　　　　　쌍동밤[쌍동밤]

　　떠벌리다[떠벌리다]　수많이[수:마니]

　　눈멀다[눈멀다]　　　참말[참말]

다만, 합성어의 경우에는 둘째 음절 이하에서도 분명한 긴소리를 인정한다.

---

43 표준발음법 제6항 참조.

반신반의[반:신 바:늬/반:신 바:니]

재삼재사[재:삼 재:사]

붙임 용언의 단음절 어간에 어미 '- 아/- 어'가 결합되어 한 음절로
축약되는 경우에도 긴소리로 발음한다.

보아 → 봐[봐:]   기어 → 겨[겨:]   되어 → 돼[돼:]

두어 → 둬[둬:]   하여 → 해[해:]

다만, '오아 → 와, 지어 → 져, 찌어 → 쪄, 치어 → 쳐' 등은
긴소리로 발음하지 않는다.

그리고 긴소리를 가진 음절이라도, 다음과 같은 경우에는 짧게 발
음한다.[44]

① 단음절인 용언 어간에 모음으로 시작된 어미가 결합되는 경우
감다[감:따] - 감으니[가므니]   밟다[밥:따] - 밟으면[발브면]
신다[신:따] - 신어[시너]   알다[알:다] - 알아[아라]

다만, 다음과 같은 경우에는 예외적이다.
끌다[끌:다] - 끌어[끄:러]   떫다[떨:따] - 떫은[떨:븐]

---

44 표준발음법 제7항 참조.

벌다[벌:다] — 벌어[버:러]　　썰다[썰:다] — 썰어[써:러]

없다[업:따] — 없으니[업:쓰니]

② 용언 어간에 피동, 사동의 접미사가 결합되는 경우

감다[감:따] — 감기다[감기다]　　꼬다[꼬:다] — 꼬이다[꼬이다]

밟다[밥:따] — 밟히다[발피다]

다만, 다음과 같은 경우에는 예외적이다.

끌리다[끌:리다]　　　　　　벌리다[벌:리다]

없애다[업:쌔다]

붙임 다음과 같은 합성어에서는 본디의 길이에 관계없이 짧게 발
음한다.

밀 - 물[밀물]　　　　　　썰 - 물[썰물]

쏜 - 살 - 같이[쏜살같이]　　작은 - 아버지[작은아버지]

제5장

한국어의 음절

한국어 말소리의 이해

음성의 결합으로 나타나는 음운론의 단위에는, 음조에서 오는 억양(抑揚, intonation group)과[45], 숨을 쉬거나 중간에 약간의 휴지를 두는 숨마디, 즉 기식(氣息, breath group)과[46], 소노리티의 굴곡에서 오는 음절(音節) 단위가 있다.

5.1. 음절의 개념

명음도(鳴音度, sonority)가 높은 음절 주음(主音)이 되는 모음을 중심으로 하나의 단위를 이룬 최소의 음성연쇄를 음절(syllable)이라 한다. 음절은 단 한 번의 공기 방출로 산출되는 음성군으로서 언어의 심리적 실재인 인식단위인 것이다.[47] Stetson(1951)은 각 음절은 날숨이 폐로부터 공기를 세게 내뿜기 위하여 갈비뼈의 근육을 한 번 수축하는 가슴 운동(chest pulse)으로 산출된다고 했다.

(1) 명음도와 음절
명음도(鳴音度, sonority)는 상대적 소리의 세기로 청자의 귀에 도달하는 그 에너지의 양이 다른 것으로 주로 개구도에 의해 결정된다.

---

45 음(音)의 상대적인 높이를 변하게 함. 또는 그런 변화. 음절 억양, 단어 억양, 문장 억양 따위가 있다.

46 단어와 단어 사이를 쉬게 하는 띄어쓰기나 쉼표를 찍어 휴지를 두는 것을 말한다.

47 Stetson(1951) 참조.

즉 입의 크기가 크면 소노리티도 커진다. Jespersen이 제시한 명음도 (sonority)가 가장 큰 음소부터 순서를 보이면 '개모음(a)>반개모음 반폐모음(o, e, ε, ö)>폐모음(u, i), 반모음(j, y)>설전음(r)>설측음(l), 비음(m, n, ŋ)>유성마찰음(v, z)>유성폐쇄음(b, d, g)>무성마찰음(f, s, x), 무성폐쇄음(p, t, k)'순이다. 하나의 음절에 명음도의 도수가 가장 큰 것이 음절의 중심을 이루는 성절음이다. 이에 명음도의 도수를 보이면 다음과 같다.

8도 개모음[a, ɑ]

7도 반개모음 · 반폐모음 [ε, ʌ, o, e, ö, ə]

6도 폐모음[u, i, ɯ, y], 반모음[j]

5도 설전음[r]

4도 설측음[l], 비음[m, n, ŋ]

3도 유성마찰음[v, z]

2도 유성폐쇄음[b, d, g]

1도 무성마찰음[f, s, x], 무성폐쇄음[p, t, k]

예를 들어 '돌', '가방', '물고기'의 명음도는 다음과 같다.

① 돌[tol] (1-7-4)

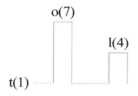

② 가방[kabaŋ] (1-8-2-8-4)

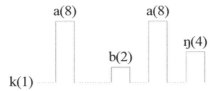

③ 물고기[mulk'ogi] (4-6-4-1-7-2-6)

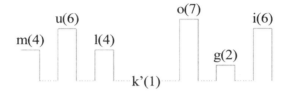

(2) 성절성과 음절

각 음절의 중심, 즉 핵의 정점(peak)은 음절을 이루는 성절음(syllabics)이다. 앞에서 '돌'의 경우 '오', '가방'의 경우 '아'와 '아', '물고기'의 경우 '우', '오', '이' 등 각 음절의 모음이 명음도가 가장 크므로 성절음이 된다. 성절음은 대개 모음으로 이루어지기 때문에 자음은 비성절음이다. 반모음인 과도음 또한 비성절음이다.[48] 그러나 영어 등 일부 언어에서는 공명 자음으로 이루어지기도 한다.

(3) 음성적 음절과 음운적 음절

음성적 음절(Phonetic syllable)은 어느 특정의 개별언어와는 상관

---

48 여[ja], 요[jo], 와[wa], 웨[we] 등에서처럼 반모음[j, w]는 독립적으로 사용되지 않고 단모음과 결합해 사용돼 비성절음이다.

없이 물리적으로 분석되는 음절이다. 따라서 한 번의 날숨으로 갈비뼈의 근육을 수축하는 가슴 운동으로 음성이 산출된다. 이에 하나 이상의 분절음으로 하나의 성절음을 갖는 정점이 있다. 반면에 음운적 음절(phonemic syllable)은 개별언어가 갖는 음의 단위로서 음절이 갖는 개별언어의 구조적인 특징(강세, 음장, 성조 등)에 의해 재배열 된다.[49] 이철수(1997:74)에 의하면 '산보(散步)' 단어는 한국어에서 [sa:n-p'o]처럼 두 음절이지마는 일본어에서는 [sa-ŋ-p'o]와 같이 세 개 음절이다. 그 이유는 한국어에서는 cVc와 같은 음절구조를 갖는 반면에 일본어에서는 cV의 개음절 구조이기 때문이다. 한국어에서는 비음인 자음 'ㅁ[m], ㄴ[n], ㅇ[ŋ]'은 음절을 구성하는 성절음이 될 수 없지만 일본어에서는 이들 자음이 [ŋ]으로 음절을 이루는 성절음이 되기 때문이다. 정연찬(1980:11)에서 영어 'stop'은 하나의 음절이지만 한국어에서는 '스톱'처럼 두 개의 음절이 된다고 했다. 이 역시 음운론적 구조상의 차이 때문이다.[50]

5.2. 음절 구조

음절은 세 부분으로 이루어진다. 음절 정점음(頂點音, peak)과 음

---

49 K.L. Pike(1947:90) 참조.

50 영어는 'st-'처럼 어두에 서로 다른 자음이 오지만 한국어는 어두에 자음군 (서로 다른 자음)이 오지 못하기 때문이다. 15세기에 한국어는 '쁨, 뿔, 쩨' 등 어두자음군이 사용되었다.

절 두음(頭音, onset)과 음절 말음(末音, coda) 등으로 이루어진다. 음절두음은 정점음 앞에 오는 분절음이고, 정점음은 음절을 이루는 음절주음, 즉 모음과 같은 성절음을 말하며, 음절말음은 정점음 뒤에 위치하는 분절음을 이른다. 국어의 '말'[mal]에서 ㅁ[m]은 음절두음이고, ㅏ[a]는 정점음이며, ㄹ[l]은 음절말음이다. 영어 단어 do[duː], go[gou] 등은 음절두음은 있으나 음절말음이 없고, aid[eid], it[it], out[aut] 등은 음절말음을 가지고 있으나 음절두음이 없다. 음절말음이 없는 음절을 개음절(開音節, open syllablr) 또는 비억지성(非抑止性, unchecked)이라 하고, 음절말음이 있는 음절을 폐음절(閉音節, closed syllable) 또는 억지성(抑止性, checked)이라 한다. 영어 단어 stop[stɑp]은 음절두음으로서 [st]와 음절정점인 [ɑ]와 음절말음으로서의 [p]로 이루어진 단음절어(單音節語)이다. 한 음절의 정점과 말음을 음절핵(音節核, syllable core)이라 이른다. 영어 단어 stop은 다음과 같은 음절구조를 갖는다.

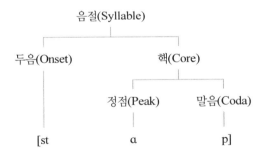

개별언어들은 그들이 가지고 있는 음절의 유형에 있어서 많은 차

이가 있다. 그 차이 가운데 어떤 것은 음절 두음과 음절말음에 주어지는 언어 특유의 제약을 가지고 있다.

(1) 음절말음의 제약

한국어를 비롯한 많은 언어들은 음절말음이 없는 개음절어를 갖는다. 하와이말과 같은 언어는 오직 개음절어뿐이다(예컨대, la '아니'). 그러므로 하와이말에서 각 음절은 모두 모음으로 끝난다. 일본어에서도 대부분의 음절은 개음절이고, 폐음절은 아주 제한되어 있다.(shika '사슴', ni '하', kisen '기선' 등). 그러나 한국어를 비롯한 많은 언어들은 개음절과 폐음절을 겸하여 가지고 있다. 음절말음을 가지고 있는 경우도 1개에서 4개에 이르는 자음군 음절말음이 있다(예를 들면, sixths [siksəs]).

한국어에서 허용되는 음절말음의 유형은, 모음으로 끝나는 개음절과 자음으로 끝나는 폐음절을 겸하여 가지고 있다. 현대국어에서 음절말음에 올 수 있는 자음은 ㄱ[k], ㄴ[n], ㄷ[t], ㄹ[l], ㅁ[m], ㅂ[p], ㅇ[ŋ] 등 7개 자음이다.

(2) 음절두음의 제약

개별언어들은 음절두음의 유형에 있어서도 역시 차이가 있다. 어떤 언어에 있어서는 모든 음절에서 음절두음을 갖는다(예컨대, 퀼레트어 'Quileute', 퓨젓 살리어 'Puget Salish' 등). 그러나 대부분의 언어는 음절두음이 없는 음절도 가지고 있다. 하와이말에서 ahi(불), ola(인생); 일본어에서 aoku(푸르다), aimasu(만나다); 핀란드어에서 on

(이다), iso(튼); 영어에서 of, angry; 한국어에서 '입, 앞, 옷' 등은 음절 두음이 없는 예다. 음절두음을 가지고 있는 경우도 1개에서 3개에 이르는 자음군을 가진 예가 있다(예, 영어 단어 split, spray, scream 등).

5.3. 한국어의 음절 구조와 특성

한 뭉치를 이루는 소리의 덩어리로서 모음과 자음이 결합되어 이루는 가장 작은 발음 단위를 음절(syllable)이라 한다. 한국어에서 음절이 만들어지려면 반드시 성절음인 모음이 있어야 한다. 음절의 구조는 '모음(V)' 단독(이, 어, 애, 왜), '자음＋모음(cV)'(가, 노, 대, 표), '모음＋자음(Vc)'(앞, 열, 옷, 왕), '자음＋모음＋자음(cVc)'(감, 돌, 벌, 집) 등을 들 수 있다. 음절을 구성할 때, 우선, 음절의 첫소리로 올 수 있는 자음은 모두 18개로 'ㄱ[k], ㄷ[t], ㅂ[p], ㅅ[s], ㅈ[č], ㅁ[m], ㄴ[n], ㄹ[r], ㅎ[h], ㄲ[k'], ㄸ[t'], ㅃ[p'], ㅆ[s'], ㅉ[č'], ㅋ[kʰ], ㅌ[tʰ], ㅍ[pʰ], ㅊ[čʰ])'이며, 'ㅇ[ŋ]'은 첫소리에 올 수 없다. 또한 'ㄹ'은 '로인, 리발소' 등처럼 초성에 올 수 없으며[51], 'ㄴ[n]'은 '님, 녀자, 뉴대(유대)' 등처럼 [i]나 반모음 [j(y)]의 앞에 올 수 없다.

그리고 음절의 끝소리로 올 수 있는 자음은 7개('ㄱ, ㄴ, ㄷ, ㄹ, ㅁ, ㅂ, ㅇ')의 자음만 올 수 있으며, 자음 단독으로는 음절을 이루지 못한

---

[51] 한자음 첫머리에 오는 'ㄹ'은 '로인, 리발, 락원, 량심' 등 초성에 오는 것이 제약된다. 다만 '리본, 리스크' 등 외래어 표기일 경우에는 가능하다.

다.[52] 하나의 음절은 하나 또는 그 이상의 음소로 이루어지며, 성절음을 중심으로 앞이나 뒤에 비성절음이 배열된다. 특히 국어에서 성절음은 모음뿐이고 자음이 성절 분절음으로 사용되는 경우가 없다. 자음과 반모음은 항상 비성절음이다.

한국어는 음소문자이지만 서구어처럼 풀어쓰지 않는다. 영어의 경우 'success'라고 쓰듯이 'ㅅㅓ ㅇ ㄱㅗㅇ'으로 써야 하는데, '성공'으로 모아쓰기 방식을 사용한다. 이에 한국어의 음절은 한 모음으로 이루어진 것(V), 그 모음 앞에 한 자음을 가진 것(cV), 모음 뒤에 한 자음을 가진 것(Vc), 그 앞뒤에 자음을 가진 것(cVc) 등이 있다.

한국어의 음절 구성 방법을 보이면 다음과 같다.

(1) 모음(V)

ㅏ = 아, ㅓ = 어

(2) 모음(V) + 자음(C)

ㅏ + ㄴ = 안
ㅗ + ㅅ = 옷

(3) 자음(C) + 모음(V)

ㄴ + ㅏ = 나
ㄷ + ㅗ = 도

---

[52] 음절의 중심을 이루는 모음(가운뎃소리)은 성절음이고, 첫소리와 끝소리를 이루는 자음은 비성절음이다.

(4) 자음(C) + 모음(V) + 자음(C)

$$ㄱ + ㅏ + ㅇ = 강$$
$$ㅁ + ㅜ + ㄴ = 문$$

(5) 반모음(s)+ 모음(V)

$$ㅣ [j] + ㅏ = 야$$
$$ㅗ[w] + ㅏ = 와$$

(6) 반모음(s)+모음(V)+ 자음(C)

$$ㅣ [j] + ㅕ + ㅍ = 옆$$
$$ㅜ[w] + ㅓ + ㄹ = 월$$

(7) 자음(C) + 반모음(s)+모음(V)

$$ㄱ + ㅣ [j] + ㅕ = 겨$$
$$ㅂ + ㅗ[w] + ㅏ = 봐$$

(8) 자음(C) + 반모음(s)+모음(V) + 자음(C)

$$ㅂ + ㅣ [j] + ㅕ + ㄹ = 별$$
$$ㄱ + ㅗ[w] + ㅏ + ㅇ = 광$$

(9) 모음(V) + 반모음(s)

$$ㅡ + ㅣ [j] = 의$$

제6장

한국어의 음운 규칙

한국어 말소리의 이해

음운규칙이란 한 형태소가 다른 형태소와 결합할 때, 형태소의 음운이 조건에 따라 다른 음운으로 바뀌는 현상을 말한다. 이를 음운의 변동, 음운 변이 현상이라고도 하는데, 어떤 하나의 음운이 다른 음운으로 바뀌는 대치(교체), 한쪽의 음운이 다른 쪽 음운의 성질을 닮는 동화, 두 개의 음운이 하나의 음운으로 합쳐지는 축약, 두 음운 중 어느 하나가 없어지는 탈락, 형태소가 합성될 때 그 사이에 음운이 덧붙는 첨가 등이 있다. 한국어의 경우 음운과 음운이 만나면 대부분이 음운이 바뀌는 대치(교체)에 속한다. 음절의 끝소리 규칙(홑받침의 경우), 경음화[된소리] 현상, 비음화, 유음화, 구개음화, 모음동화, 모음조화 등이 이에 해당된다. 이에 본서에서는 크게 발음 규칙, 동화 현상, 축약과 탈락 등으로 분류하여 고찰한다.

음운 현상은 발음하는 데 편하게 발음하려는 속성을 가지므로 저지음에서 공명음으로 발음하려고 한다. 그리고 이러한 음운규칙은 동일한 조음위치에서 바뀐다. 한국어 자음의 경우 저지음의 대부분은 폐쇄음이다. 그러므로 폐쇄음은 발음하기가 어렵기 때문에 'ㄱ'은 'ㅇ'(국민 → 궁민)으로, 'ㄷ'은 'ㄴ'(닫는 → 단는)으로, 그리고 'ㅂ'은 'ㅁ'(밥물 → 밤물)으로 바뀐다. 조건에 의한 결합 변화의 음운규칙에는 동화(同化)와 비동화(非同化)가 있는데, 동화에는 자음동화(비음화, 유음화), 자음·모음간 동화(구개음화), 모음동화(모음조화, ㅣ모음동화)가 있으며, 비동화에는 받침(종성) 규칙, 축약, 탈락, 첨가, 이화, 음운도치 등이 있다.

6.1. 받침의 발음 규칙

한국어에서 종성 즉 음절의 끝소리로 발음될 수 있는 자음은 'ㅂ, ㄷ, ㄱ, ㅁ, ㄴ, ㅇ, ㄹ' 일곱 소리뿐이다. 따라서 음절 끝에 일곱 소리 이외의 자음이 오면 이 일곱 자음 중의 하나로 바뀌어 발음하는데, 이를 음절의 끝소리 규칙이라 한다. 가령 '낱, 낫, 낮, 낯'은 모두 다른 받침으로 표기되어 있는 별개의 단어들이지만 이들의 받침소리인 'ㅌ, ㅅ, ㅈ, ㅊ'은 모두 음절 끝에서 'ㄷ'로 대치(교체)되기에 다 똑같이 [낟]으로 발음된다. 이는 음절 첫머리에서는 모두 제 소리를 내던 자음들이 음절 끝에서는 그들을 서로 구별해 주는 소리 성질들을 잃어버리고 중화(中和)되기 때문이다. 즉 저지음 계열의 파열음(ㅂ, ㅍ, ㅃ : ㄷ, ㅌ, ㄸ : ㄱ, ㅋ, ㄲ), 마찰음(ㅅ, ㅆ, ㅎ), 파찰음(ㅈ, ㅊ, ㅉ)은 어말과 자음 앞에서 평음 파열음인 'ㅂ, ㄷ, ㄱ'으로 교체되므로 요즘 평파열음화라고 한다. 다만 공명음인 'ㅁ, ㄴ, ㅇ, ㄹ'은 각각 독립된 음운이므로 그 자체가 대표음이 된다.

겹받침의 경우도 'ㅂ, ㄷ, ㄱ, ㅁ, ㄴ, ㅇ, ㄹ' 일곱 소리로 난다. 예를 들어 '몫[목]'의 경우 받침 'ㄳ'이 [ㄱ]으로 발음되고, '밟다[밥따]'의 경우 'ㄼ'이 [ㅂ]으로, '여덟[여덜]'의 경우 받침 'ㄼ'이 [ㄹ]로 발음 돼 이를 대치(교체)로 보기보다는 겹받침의 하나가 탈락한 것으로 봄이 타당하다.

6.1.1. 홑받침과 겹받침의 발음

(1) 홑받침의 발음

음절 말음으로 끝나는 받침은 대표음으로 소리나고, 뒤에 자음으로 시작하는 음이 올 경우에도 대표음으로 소리난다.

① 음절 끝자리의 'ㄲ, ㅋ'은 'ㄱ'으로 소리난다.

밖[박]　　　부엌[부억]　　닦고[닥꼬]

② 음절 끝자리의 'ㅅ, ㅆ, ㅈ, ㅊ, ㅌ, ㅎ'은 'ㄷ'으로 소리난다.

옷[옫]　　　있다[읻따]　　낮[낟]　　꽃[꼳]

바깥[바깓]　히읗[히읃]

③ 음절 끝자리의 'ㅍ'은 'ㅂ'으로 소리난다.

앞[압]　　　잎[입]　　　덮지[덥찌]

┃ 홑받침의 발음 ┃

받침	대표음	예
ㄱ, ㅋ, ㄲ	[ㄱ]	목[목], 행복[행복], 키읔[키윽], 부엌[부억], 밖[박], 닦다[닥따]
ㄴ	[ㄴ]	눈[눈], 손[손], 간[간], 돈[돈]
ㄷ, ㅌ, ㅅ, ㅆ, ㅈ, ㅊ, ㅎ	[ㄷ]	닫다[닫따], 낫[낟], 있다[읻따], 낮[낟], 솥[솓], 히흫[히읃]
ㄹ	[ㄹ]	돌[돌], 말[말], 발[발], 살[살]
ㅁ	[ㅁ]	곰[곰], 담[담], 몸[몸], 잠[잠]
ㅂ, ㅍ	[ㅂ]	입[입], 앞[압], 덮다[덥따]
ㅇ	[ㅇ]	강[강], 동[동], 방[방], 종[종]

음절의 끝소리 규칙은 두 개의 자음으로 이루어진 겹받침에도 그대로 적용되는데, 이는 한국어의 음절 구조상 초성과 종성의 위치에 하나의 자음밖에 올 수 없기 때문이다.

(2) 겹받침의 발음

음절 끝자리의 겹받침은 어말 또는 자음 앞에서 하나만 발음된다. '자음군 단순화'라고도 하는데 두 개의 음운 중 하나가 소리 나지 않는 경우이므로 본서에서는 음운의 탈락 현상으로 본다.

앞 자음이 발음되는 경우			뒤 자음이 발음되는 경우		
겹받침	발음	예	겹받침	발음	예
ㄳ	[ㄱ]	몫[목], 넋도[넉또]	ㄺ	[ㄱ]	닭[닥], 맑다[막따], 읽다[익따], 읽게[일께], 맑고[말꼬]
ㄵ	[ㄴ]	앉다[안따], 얹고[언꼬]	ㄻ	[ㅁ]	삶[삼], 젊다[점:따]
ㄼ	[ㄹ]	여덟[여덜], 넓다[널따]	ㄼ, ㄿ	[ㅂ]	읊다[읍따], 밟다[밥:따], 넓죽하다[넙쭈카다], 넓둥글다[넙뚱글다], 넓다[널따], 넓고[널꼬]
ㄽ	[ㄹ]	외곬[외골]			
ㄾ	[ㄹ]	핥다[할따]			
ㅄ	[ㅂ]	값[갑], 없다[업:따]			
ㄶ	[ㄴ]	많고[만코], 많다[만타], 많소[만쏘]			
ㅀ	[ㄹ]	싫다[실타], 싫고[실코], 싫소[실쏘]			

① 'ㄳ, ㄵ, ㄽ, ㄾ, ㅄ'은 첫째 자음만 발음된다.

　　몫[목]　　　　　앉다[안따]　　　외곬[외골]

　　핥다[할따]　　　값[갑]

② 'ㄻ, ㄿ'은 둘째 자음만 발음된다.

　　삶[삼]　　　　젊다[점따]　　　읊다[읊다 → 읍따]

　　읊지[읊지 → 읍찌]

③ 'ㄺ, ㄼ'은 불규칙적이다. 즉, 어말, 자음 앞에서 [ㄱ, ㅂ]으로 발
　　음되지만 용언의 어간 말음 'ㄺ'은 'ㄱ' 앞에서 [ㄹ]로 발음된다,

그리고 '넓-'은 어말 또는 자음 앞에서 [ㄹ]로 발음되지만 '넓둥글다, 넓죽하다'는 [ㅂ]으로 발음된다.

맑다[막따]	읽지[익찌]	읽고[일꼬]
맑게[말게]	밟다[밥ː따]	밟고[밥ː꼬]
넓다[널따]	넓고[널꼬]	넓둥글다[넙뚱글다]
넓죽하다[넙쭈카다]		

6.1.2. 'ㅎ'의 발음

'ㅎ'의 발음은 특이하여 보다 구체적으로 설명하고자 한다. 이에 대한 발음 규칙은 표준발음법 제12항에 자세히 기술되어 있는데, 이를 참고하여 정리하여 제시하면 아래와 같다.

(1) 'ㅎ(ㄶ, ㅀ)' 뒤에 'ㄱ, ㄷ, ㅈ'이 결합되는 경우, 뒤 음절 첫소리와 합쳐서 [ㅋ, ㅌ, ㅊ]로 발음한다.

놓고[노코]	좋던[조턴]	쌓지[싸치]	많고[만코]
싫다[실타]	닳지[달치]		

(2) 받침 'ㄱ(ㄺ), ㄷ, ㅂ(ㄼ), ㅈ(ㄵ)'이 뒤 음절 첫소리 'ㅎ'과 결합되는 경우에도 두 소리를 합쳐서 [ㅋ, ㅌ, ㅍ, ㅊ]로 발음한다.

각하[가카]　　　　　　먹히다[머키다]

밝히다[발키다]　　　　　맏형[마텽]

좁히다[조피다]　　　　　넓히다[널피다]

꽂히다[꼬치다]　　　　　앉히다[안치다]

(3) 'ㅎ(ㄶ, ㅀ)' 뒤에 'ㅅ'이 결합되는 경우, 'ㅅ'을 [ㅆ]으로 발음한다.

닿소[다쏘]　　　많소[만쏘]　　　싫소[실쏘]

(4) 'ㅎ' 뒤에 'ㄴ'이 결합되는 경우에는 'ㅎ'을 [ㄴ]으로 발음한다.

놓는[논는]　　　쌓네[싼네]

(5) 'ㄶ, ㅀ' 뒤에 'ㄴ'이 결합되는 경우에는 'ㅎ'을 발음하지 않는다.

않네[안네]　　　않는[안는]　　　뚫네[뚤네 → 뚤레]
뚫는[뚤는 → 뚤른]

(6) 'ㅎ(ㄶ, ㅀ)' 뒤에 모음으로 시작된 어미나 접미사가 결합되는
　　경우에는 'ㅎ'을 발음하지 않는다.

낳은[나은]　　좋은[조은]　　놓아[노아]　　쌓이다[싸이다]
많아[마:나]　　않은[아는]　　닳아[다라]　　싫어도[시러도]

6.1.3. 연음 규칙

끝에 자음을 가진 형태소가 모음으로 시작되는 형식 형태소(조사, 어미, 접미사)를 만나면, 그 끝 자음은 다음 음절의 첫소리로 발음된다. 겹받침이 모음으로 시작되는 형식형태소(조사, 어미, 접미사)를 만나면 뒤엣것만을 음절 첫소리로 옮겨 발음한다. 그러나 뒤에 오는 형태소가 실질형태소이면 음절 끝소리 규칙에 따라 대표음으로 먼저 바뀌고 뒤의 음절 첫소리로 발음된다. 앞 음절의 끝 자음이 모음으로 시작되는 뒤 음절의 초성으로 이어져 나는 소리 규칙을 연음(連音) 규칙이라 한다. 이에 대한 규칙은 표준발음법 제13항, 14항, 15항에 제시되어 있다. 이를 참고하여 정리하면 아래와 같다.

(1) 홑받침이나 쌍받침이 모음으로 시작된 조사나 어미, 접미사와 결합되는 경우에는, 제 음가대로 뒤 음절 첫소리로 옮겨 발음한다.

깎아[까까]	옷이[오시]	있어[이써]	낮이[나지]
꽂아[꼬자]	꽃을[꼬츨]	쫓아[쪼차]	밭에[바테]
앞으로[아프로]		덮이다[더피다]	

(2) 겹받침이 모음으로 시작된 조사나 어미, 접미사와 결합되는 경우에는, 뒤엣것만을 뒤 음절 첫소리로 옮겨 발음하는데 이때 'ㅅ'은 된소리로 발음한다.

넋이[넉씨]　　앉아[안자]　　닭을[달글]　　젊어[절머]

곬이[골씨]　　핥아[할타]　　읊어[을퍼]　　값을[갑쓸]

없어[업:써]

(3) 받침 뒤에 모음 'ㅏ, ㅓ, ㅗ, ㅜ, ㅟ'들로 시작되는 실질형태소가
　　연결되는 경우에는, 대표음으로 바꾸어서 뒤 음절 첫소리로 옮
　　겨 발음한다.

밭 아래[받아래 → 바다래]　　늪 앞[늡앞 → 느밥]

젖어미[젇어미 → 저더미]　　맛없다[맏업다 → 마덥따]

겉옷[걷옷 → 거돋]　　　　　헛웃음[헏웃음 → 허두슴]

꽃 위[꼳위 → 꼬뒤]

다만, '맛있다, 멋있는'는 [마싣따], [머신는]로도 발음할 수 있으
며[53], 겹받침의 경우에는 그중 하나만을 옮겨 발음한다.

값없다 → [갑업다] → [가법따]

값있는 → [갑읻는] → [가빈는] → [가빈는]

넋없다 → [넉업다] → [너겁따]

닭 앞에 → [닥아페] → [다가페]

53　맛있다[맏읻다 → 마딛따], 멋있는[먿읻는 → 머딛는 → 머딘는]이 표준발
　　음이다. 그러나 언중이 맛있다[마싣따], 멋있는[머신는]으로 발음하여 이를
　　허용한다.

참고 한글 자모 이름의 받침

한글 자모 이름의 받침은 연음을 하되, 'ㄷ, ㅈ, ㅊ, ㅋ, ㅌ, ㅍ, ㅎ'
의 경우에는 특별히 다음과 같이 발음한다.

디귿이[디그시]	디귿을[디그슬]	디귿에[디그세]
지읒이[지으시]	지읒을[지으슬]	지읒에[지으세]
치읓이[치으시]	치읓을[치으슬]	치읓에[치으세]
키읔이[키으기]	키읔을[키으글]	키읔에[키으게]
티읕이[티으시]	티읕을[티으슬]	티읕에[티으세]
피읖이[피으비]	피읖을[피으블]	피읖에[피으베]
히읗이[히으시]	히읗을[히으슬]	히읗에[히흐세]

6.2. 된소리와 사잇소리 현상

형태소와 형태소가 만날 경우에 뒤의 소리(평음)가 된소리로 발음
되어 나타나는 일종의 대치(교체) 현상이다.

6.2.1. 된소리 현상

두 개의 형태소 또는 단어가 어울려 단어를 이룰 때 뒤의 소리가 된
소리로 발음되는 현상이다. 주로 명사에 조사 결합, 용언 어간에 어
미가 결합할 경우에 일어난다. 그리고 명사와 명사 결합의 합성어일
경우에도 일어나지만 이 경우에는 두 개 모두 안울림소리가 만나야
한다.

(1) 두 개의 안울림소리가 서로 만나면 뒤의 소리가 된소리로 발음 되는 현상이다. 즉 받침 'ㄱ(ㄲ, ㅋ, ㄳ, ㄺ), ㄷ(ㅅ, ㅆ, ㅈ, ㅊ, ㅌ), ㅂ(ㅍ, ㄼ, ㄿ, ㅄ), ㅈ' 뒤에 연결되는 'ㄱ, ㄷ, ㅂ, ㅅ, ㅈ'은 된소 리 [ㄲ, ㄸ, ㅃ, ㅆ, ㅉ]로 발음된다. 어간과 어미 사이(①), 체언과 조사 사이(②), 합성어의 경우(③), 접사(④) 등에서 나타난다.

① 입고[입꼬]   먹자[먹짜]

   잡자[잡짜]   깎다[깍따]

   꽂고[꼳꼬]   있던[읻떤]

   넓게[널께]   핥다[할따]

   훑소[훌쏘]   떫지[떨ː찌]

② 법도[법또]   떡과[떡꽈]

   밭과[받꽈]   옷도[옫또]

③ 국밥[국빱]   앞길[압낄]

   젖소[젇쏘]   닭장[닥짱]

   옆집[엽찝]   꽃다발[꼳따발]

   밭갈이[받까리]   낯설다[낟썰다]

④ 덮개[덥깨]   값지다[갑찌다]

   뻗대다[뻗때다]   읊조리다[읍쪼리다]

(2) 어간 받침 'ㄴ(ㄵ), ㅁ(ㄻ)' 뒤에 결합되는 어미의 첫소리 'ㄱ, ㄷ, ㅅ, ㅈ'도 된소리로 발음된다.[54]

신고[신:꼬]	껴안다[껴안따]
앉고[안꼬]	얹다[언따]
삼고[삼:꼬]	더듬지[더듬찌]
닮고[담:꼬]	젊지[점:찌]

(3) 한자어에서 'ㄹ' 받침 뒤에 연결되는 'ㄷ, ㅅ, ㅈ'도 된소리로 발음한다.

갈등[갈뜽]	발동[발똥]	절도[절또]	말살[말쌀]
갈증[갈쯩]	물질[물찔]		

(4) 관형사형 '-(으)ㄹ' 뒤에 연결되는 'ㄱ, ㄷ, ㅂ, ㅅ, ㅈ'도 된소리로 발음한다. 의존명사(①), 어미(②), 보조용언(③)의 결합인 경우이다.

① 할 것을[할꺼슬]　　　　갈 데가[갈떼가]

　　할 바를[할빠를]

② 할걸[할껄]　　　　　　할세라[할쎄라]

　　할수록[할쑤록]　　　　할지라도[할찌라도]

---

54 '감기다, 안기다, 굶기다, 옮기다' 등처럼 피동, 사동의 접미사 '-기-'는 된소리로 발음하지 않는다. 그러나 용언의 명사형의 경우에는 '안기[안:끼], 남기[남:끼], 굶기[굼:끼] 등처럼 된소리로 발음된다.

③ 할 듯하다[할뜨타다]   할 법하다[할뻐파다]
할 성싶다[할썽십따]

6.2.2. 사잇소리 현상

두 개의 형태소 또는 단어가 어울려 합성 명사를 이룰 때 그 사이에 덧생기는 소리를 사잇소리 현상이라 한다. 그런데 전제 조건은 앞의 말의 끝소리가 반드시 울림소리이어야 한다. 뒤의 소리를 된소리로 발음하지만 앞에서 제시한 된소리 현상과 구별하기 위해 사잇소리 (사이시옷 첨가) 현상이라 한다. 사잇소리 현상은 15세기 명사와 명사 결합의 사이에 뒤의 소리가 유성음화가 되는 것을 방지하기 위해 사이에 들어가는 소리(ㄱ, ㄷ, ㅂ, ㅅ, ㆆ 등)로 주로 폐쇄음이 사용되었지만 성종 이후에는 'ㅅ'으로 통일되어 오늘에 이른다.[55]

(1) 앞의 말이 모음으로 끝나면 사이시옷을 적는다. 이때 뒤의 'ㄱ, ㄷ, ㅂ, ㅅ, ㅈ'은 된소리 [ㄲ, ㄸ, ㅃ, ㅆ, ㅉ]으로 발음하되 사이시옷을 [ㄷ]으로 발음하는 것도 허용한다.

① 순우리말로 된 합성어로서 앞말이 모음으로 끝난 경우
내+가 → 냇가[내까/낻까]

---

55 현대 사잇소리 현상의 일종인 두 단어 사이에 첨가되는 [ㄴ]에 대해서는 뒤에 첨가에서 다루기로 한다.

배+길 → 뱃길[배낄/밷낄]

나무+가지 → [나무까지/나묻까지]

바다+가 → 바닷가[바다까/바닫까]

매+돌 → 맷돌[매똘/맫똘]

재+더미 → 잿더미[재떠미/잳떠미]

피+대 → 핏대[피때/핃때]

모기+불 → 모깃불[모기뿔/모긷뿔]

나루+배 → 나룻배[나루빼/나룯빼]

해+볕 → 햇볕[해뼏/핻뼏]

배+사공 → 뱃사공[배싸공/밷싸공]

아래+집 → 아랫집[아래찝/아랟찝]

차+집 → 찻집[차찝/찯찝]

② 순우리말과 한자어로 된 합성어로서 앞말이 모음으로 끝난
경우

새+강 → 샛강[새깡/샏깡]   피+기 → 핏기[피끼/핃끼]

귀+병 → 귓병[귀뼝/귇뼝]

아래+방 → 아랫방[아래빵/아랟빵]

전세+집 → 전셋집[전세찝/전섿찝]

초+불 → 촛불[초뿔/촏불]   코+병 → 콧병[코뼝/콛뼝]

차+잔 → 찻잔[차짠/찯짠]   태+줄 → 탯줄[태쭐/탣쭐]

터+세 → 텃세[터쎄/턷쎄]   해+수 → 햇수[해쑤/핻쑤]

(2) 앞 말의 받침이 'ㄴ, ㅁ, ㅇ, ㄹ' 등 울림소리 자음이 오면 사잇소
리 현상이 일어나지만 사이시옷을 적지 않는다. 뒤 단어의 첫
소리 'ㄱ, ㄷ, ㅂ, ㅅ, ㅈ'을 된소리로 발음한다.[56]

눈+동자[눈똥자]   촌+사람[촌싸람]

신+바람[신빠람]   산+새[산쌔]

밤+길[밤낄]   비빔+밥[비빔빱]

바람+결[바람껼]   그믐+달[그믐딸]

아침+밥[아침빱]   길+가[길까]

발-바닥[발빠닥]   술-잔[술짠]

등+불[등뿔]   초승+달[초승딸]

창+살[창쌀]   강+줄기[강쭐기]

(3) 한자가 합쳐서 단어를 이룰 경우에는 앞말이 모음으로 끝나더
라도 사이시옷을 표기하지 않는다. 다만 6개의 한자어에만 사
이시옷을 적는다.[57]

---

56 '아침밥[아침빱]', '콩밥[콩밥]'의 경우 사잇소리 현상인 경우와 아닌 경우
를 구별하는 방법이 쉽지 않다. <표준발음법> 28항에서는 '관형격 기능'을
지니는 사이시옷이 있을 때 경음화가 적용된다고 규정했다. 즉 두 명사가 결
합하여 합성 명사를 이룰 때, 앞의 명사가 뒤의 명사의 시간, 장소, 용도, 기원
(또는 소유)과 같은 의미를 나타낼 때 '관형격 기능'을 지닌다고 할 수 있다.
가령 '아침밥[아침빱]', '그믐달[그믐딸]'은 시간, '길가[길까]'는 장소, '술
잔[술짠]'은 용도, '강줄기[강쭐기]'는 기원의 의미 관계가 있어서 경음화가
일어난 사잇소리 현상이다. 그러나 '콩밥'은 재료의 의미이고, '물장난'은
수단이므로 경음화가 일어나지 않는다는 것이다.

57 그 외의 한자어에는 사이시옷이 들어가지 않는다. 따라서 다음과 같은 경우

곳간(庫間)[고간/곧깐]   셋방(貰房)[세빵/섿빵]

숫자(數字)[수짜/숟짜]   찻간(車間)[차깐/찯깐]

툇간(退間)[퇴깐/퇻깐]   횟수(回數)[회수/휃쑤]

(4) 현대 한국어의 사잇소리를 이해하기 위해서는 중세국어의 사
잇소리를 이해할 필요가 있다. 중세국어 사잇소리 역시 '어근+
어근'에 의한 합성어여야 하고, 선행 받침이 울림소리인 조건
이 동일하지만, 중세국어에서는 선행 음절의 받침이 모음이거
나 자음이거나 상관없이 모두 사잇소리 표기를 하였는데, 세종
당시의 표기는 현대국어에 비하여 매우 복잡하였다가 성종 이
후에 'ㅅ'으로 통일하였다.[58]

① 兄ㄱ뜯, 君ㄷ字, 侵ㅂ字, 漂ㅸ字, 快ㆆ字, 하ㆅ 뜯

② 어마님 그리신 눖므를, 天子ㅿ位, 나랏일훔

③ 아바닚 뒤, ㄱ룺, ㄱ새, 빗곳, 입시울쏘리

④ 나랏말ᄊᆞᆷ, 셰世존尊ㅅ말, 狄人ㅅ서리, 魯ㅅ사름

---

58 ① 어마님 그리신 눖므를<용비어천가> : 고지 눖므를 ᄲᅮ리게코 <두시언해> -
　　세종 당시의 'ㅿ'이 성종 때에 'ㅅ'으로 표기되었다.
　② 正月ㅅ나릿므른 燈ㅅ블다호라(動動, 악학궤범) : 중세 사잇소리는 '燈ㅅ
　　블'처럼 자음(울림소리) 뒤에도 표기하였다.
　③ 岐王ㅅ집안해, 崔九의 집알픽(두시언해) : 유정명사 중 존칭의 경우에는
　　'ㅅ'을, 평칭의 경우에는 '의'를 사용하였다.

①의 예문처럼 'ㄱ, ㄷ, ㅂ, ㆆ'의 사잇소리는 한자 명사와 명사가 연결될 때 들어간다. 주로 폐쇄음 사잇소리의 음가는 선행음인 유성음이 후행음에 미쳐 유성음화가 일어남을 방지하며, 후행음을 발음상 강하게 소리나게 한다. ②는 선행 음절의 받침이 유성음이고, 뒤의 음절 초성이 유성음일 때 'ㅿ'을 사용하였다. ③은 고유어 선행 음절의 받침이 유성음이고 뒤의 음절의 첫소리가 무성음이면 'ㅅ'을 표기하였다. '입시울쏘리'는 '입시울ㅅ소리'의 사잇소리 'ㅅ'을 뒤음절 초성과 병서시킨 것이다. ④는 현대어의 '의'에 해당되는 관형격조사이다. 관형격조사 'ㅅ'은 사잇소리와 유사한데, 무정명사 뒤에 그리고 존칭의 유정명사 뒤에 표기하였다.

∥ 중세국어(세종 당시)의 사잇소리 ∥

조건			용례
	선행음	사잇소리	후행음	

	선행음	사잇소리	후행음	용례
한자어 아래	ㆁ	ㄱ	무성음	洪ㄱ字, 乃냉 終즁ㄱ소리
	ㄴ	ㄷ	무성음	君군ㄷ字쫑, 몃 間ㄷ집, 呑튼ㄷ字
	ㅁ	ㅂ	무성음	覃땀ㅂ字쫑, 侵침ㅂ字쫑
	ㅱ	ㅸ	무성음	斗둘ㅸ字쫑, 漂푤ㅸ字쫑, 叫귷ㅸ字
	ㅇ	ㆆ	무성음	快쾡ㆆ字쫑, 先考ㆆ뜯, 那낭ㆆ字
	유성음	ㅿ	유성음	天子ㅿ位, 後ㅿ날
순수 국어 아래	유성음	ㅅ	무성음	ᄀᆞ룺ᄀᆞ새, 빗곳, 혀쏘리, 엄쏘리
	유성음	ㅿ	유성음	눖믈, 님긊말쏨, 오눐나래, 나랁일훔
	ㄹ	ㆆ	무성음	하눓뜯

6.3. 음운의 동화

6.3.1. 동화과정의 유형

동화과정은 그 분류 기준에 따라 크게 동화의 정도, 방향, 위치에 따라 분류된다.

(1) 동화의 정도에 따라
   ① 완전동화 : 동화음이 조건음과 완전하게 같은 경우
     잡말[잠말]   난로[날로]
   ② 부분동화 : 동화음이 조건음을 부분적으로 닮은 경우
     국물[궁물]   먹는[멍는]

(2) 동화의 방향에 따라
   ① 순행(진행)동화 : 앞선 조건음이 뒤에 오는 음을 동화시킬 경우
     종로[종노]   칼날[칼랄]
   ② 역행(후진)동화 : 앞선 음이 뒤에 오는 조건음에 의해 동화될 경우
     닫는[단는]   국민[궁민]   신라[실라]
   ③ 상호동화 : 앞뒤의 두 음이 조건음이 되어 서로 영향을 미칠 경우[59]

---

[59] 엄격하게 말하면 받침과 뒤에 오는 초성음이 조건음이 되어 서로 영향을 미

섭리[섭니 → 섬니 / 섬리 → 섬니]

백로[백노 → 뱅노 / 뱅로 → 뱅노]

(3) 동화의 위치에 따라

　① 인접동화 : 두 음운이 바로 인접되어 음을 동화시킬 경우

　　국물[궁물]　　　　　　　선로[설로]

　② 원접동화(비인접동화) : 두 조건 음운 사이에 다른 음운이 들

　　어 있어 떨어져서 영향관계를 가질 경우

　　창피[챙피]　　　　　　　남비[냄비]

　　잡아　　　　　　　　　　먹어

6.3.2. 자음동화

　음절과 음절이 결합할 경우, 음절 끝 자음이 그 뒤에 오는 자음과 만나면 어느 한쪽이 다른 쪽 소리를 닮아서 그 영향을 준 소리로 바뀌거나 그와 비슷한 성질을 가진 소리로 바뀌기도 하고, 양쪽이 서로 닮아서 두 소리가 모두 바뀌기도 하는 현상을 자음동화(子音同化)라고 한다. 자음동화에는 비음동화와 유음동화가 있다.

친다고 보기는 어렵다. 그러나 뒤 음절 초성 발음이 [ㄹ]이 되려면 선행 음절 받침이 [ㄹ]이어야 한다는 조건으로 볼 수 있다. 또한 뒤의 음절 초성 'ㄹ'이 공명음이므로 공명음 사이에 있는 저지음 받침도 공명음이 되어야 한다는 조건으로 본다면 상호동화로 볼 수 있다.

1) 비음동화

비음이 아닌 자음이 비음(ㄴ, ㅁ, ㅇ)으로 바뀌는 대치(교체) 현상으로 다음과 같다.

(1) 파열음 계열의 받침 'ㅂ(ㅍ, ㄹㅂ, ㄹㅍ, ㅂㅅ), ㄷ(ㅅ, ㅆ, ㅈ, ㅊ, ㅌ, ㅎ), ㄱ(ㄲ, ㅋ, ㄱㅅ, ㄹㄱ)' 이 비음인 'ㅁ, ㄴ' 앞에서[60] 비음인 [ㅁ, ㄴ, ㅇ]으로 바뀌는 동화 현상이다. 파열음은 폐에서 나오는 공기의 흐름이 막혔다 터뜨리는 저지음 소리이므로 비음 앞에서 발음하기 쉬운 공명 비음으로 발음된다. 받침 '[ㅂ → ㅁ, ㄷ → ㄴ, ㄱ → ㅇ]'으로 동일한 조음위치의 비음으로 바뀐다.

밥물[밤물]
앞날[압날 → 암날]
읊는다[읍는다 → 음는다]
닫는[단는]
있는[읻는 → 인는]
꽃망울[꼳망울 → 꼰망울]
놓는[녿는 → 논는]
속는다[송는다]
부엌만[부억만 → 부엉만]

잡는다[잠는다]
밟는[밥:는]
없는[업는 → 엄는]
맏며느리[만며느리]
맞는[맏는 → 만는]
붙는[붇는 → 분는]
국민[궁민]
깎는다[깍는다 → 깡는다]
긁는[극는 → 긍는]

---

60 비음은 'ㅁ, ㄴ, ㅇ'이 있지만 한국어 자음 'ㅇ'은 어두에 올 수 없으므로 'ㅁ, ㄴ' 앞에서만 비음으로 발음된다.

흙만[흑만 → 홍만]   넋만[넉만 → 넝만]

(2) 받침 'ㅁ, ㅇ' 뒤에 연결되는 'ㄹ'은 [ㄴ]으로 발음한다.[61]

종로[종노]   항로[항노]   대통령[대통녕]

강릉[강능]   침략[침냑]   담력[담녁]

(3) 받침 'ㄱ, ㅂ' 뒤에 연결되는 'ㄹ'은 우선 [ㄴ]으로 발음한다.[62]
    그리고 이 [ㄴ]은 받침의 'ㅂ, ㄱ'을 [ㅁ, ㅇ]으로 발음하게 한다.
    일종의 비음동화 현상이다. 즉, '섭리[섭니 → 섬니]', '백로
    [백노 → 뱅노]'로 된다. 따라서 'ㄹ' 앞에 있는 받침 'ㅂ, ㄱ'이
    [ㅁ, ㅇ]으로 먼저 바뀌지 않는다. 즉, '섭리[섬리 → 섬니]',
    '백로[뱅로 → 뱅노]'처럼 될 수 없다. 그 이유는 '천리[철리]',
    '신라[실라]', '난로[날로]' 등과 같이 초성의 [ㄹ] 발음은 선행
    음절의 받침이 설측음인 [ㄹ]이 올 때만이 가능하기 때문이다.

백로[백노 → 뱅노]   막론[막논 → 망논]

섭리[섭니 → 섬니]   협력[협녁 → 혐녁]

그러나 실제로 '섭리[섬리 → 섬니], 백로[뱅로 → 뱅노]'로 발

---

61 받침 'ㄴ' 다음에 어두에 'ㄹ'이 오는 경우는 받침 'ㄴ'이 [ㄹ]로 바뀌는 게 자
    연스럽다. 이에 대해서는 유음동화에서 설명할 것이다.
62 이와 같은 규정은 표준발음법 제19항 [붙임]에서 제시하고 있다.

음될 수 있다. 그 이유는 공명음화 우선 원칙이 있기 때문이다. 따라서 '섭리 → [섭리]', '백로 → [백로]'처럼 받침 'ㅂ, ㄱ'이 공명음 사이에 있기 때문에 우선적으로 저지음인 폐쇄음 'ㅂ'이 공명음 'ㅁ'으로, 폐쇄음 'ㄱ'이 공명음 'ㅇ'으로 발음되는 것이 자연스럽다. 그 다음 받침 'ㅁ, ㅇ' 뒤에 연결되는 'ㄹ'은 비음동화로 인해 [ㄴ]으로 발음하기 때문에 '섭리[섭리 → 섬니]', '백로[백로 → 뱅노]'의 순서로 발음하는 것이다.

(4) 두 단어를 이어서 발음하는 경우에 음절의 끝소리 규칙이 먼저 일어나고, 비음화 규칙이 일어난다. '몇 리 → [멷리] → [멷니] → [면니]'의 경우도 [ㄷ] 뒤에 오는 'ㄹ'이 먼저 [ㄴ]으로 발음된다.[63]

(5) 'ㄴ'은 'ㄹ'의 앞이나 뒤에서 [ㄹ]로 발음하는 것이 우선적인 발음 원리이지만 받침 'ㄴ' 다음에 오는 'ㄹ'은 일부 단어에서 [ㄴ] 으로 발음한다.

공권력[공꿘녁]   상견례[상견네]
임진란[임진난]   생산량[생산냥]
동원령[동원녕]   횡단로[횡단노]

---

[63] 그러나 이 역시 공명음화 우선 원칙으로 '몇 리[멷리 → 면리 → 면니]'가 가능하다.

입원료[입원뇨 → 이붠뇨]   의견란[의:견난]

음운론[음운논 → 으문논]

2) 유음동화

치조 비음인 'ㄴ'은 'ㄹ'의 앞이나 뒤에서 [ㄹ]로 발음된다. 유음 'ㄹ' 때문에 [ㄹ]로 바뀌는 음운 현상이므로 유음동화라 한다. '말'에서처럼 받침 'ㄹ'은 설측음 [l]이고, '나라'의 'ㄹ'은 설전음 [r]으로 발음된다. 유음동화는 설측음 [ㄹ]로 인해 어두음도 설측음 [ㄹ]로 발음되는 것이므로 설측음화라고도 한다.

(1) 받침 'ㄹ'로 인해 뒤에 오는 'ㄴ'은 [ㄹ]로 발음된다.

칼날[칼랄]   물난리[물랄리]   줄넘기[줄럼끼]

(2) 받침 'ㄴ'은 뒤에 오는 'ㄹ'의 영향으로 [ㄹ]로 바뀌어 발음된다. 이때 받침 [ㄹ]은 설측음 [l]이며, 뒤에 'ㄹ'도 설전음 [r]에서 설측음 [l]로 바뀐다.

신라[실라]   천리[철리]

난로[날로]   대관령[대괄령]

광한루[광할루]

(3) 소리 'ㄴ'이 'ㄶ', 'ㄹㅌ' 뒤에 연결되는 경우에도 유음화가 일

어난다.

닳는[달는 → 달른]   뚫는[뚤는 → 뚤른]
핥는[할는 → 할른]

> **참고** 비음화와 유음화
>
> 선릉[설릉/선능]   온라인[올라인/온나인]
> 신라면[실라면/신나면]

받침 'ㄴ' 다음에 'ㄹ'이 오는 경우, 유음화와 비음화가 일어난다. '신라[실라], 날로[날로] : 결단력[결딴녁], 생산량[생산냥]'에서 보듯이 한 단어로 굳어진 것은 유음화가 일어나기 쉽고, '결단-력, 생산 -량'처럼 분리되기 쉬운 단어는 비음화가 일어나기 쉽다. 그러므로 '온-라인', '신-라면'은 분리되기 쉽기 때문에 [온나인], [신나면]으로 발음할 수 있지만 반드시 그런 것은 아니다. 그리고 '선릉'은 하나의 단어로 보면 [설릉]이 자연스럽지만 '릉[능]'을 독립 단어로 보면 [선능]이 편한 발음이다.

6.3.3. 자음·모음 동화: 구개음화

끝소리가 치조음인 'ㄷ, ㅌ'인 형태소가 '이'[i] 혹은 반모음 'ㅣ'[j]로 시작되는 형식 형태소와 만나면 경구개음인 'ㅈ, ㅊ'으로 발음되는 음운 현상을 구개음화(口蓋音化)라고 한다. 모음 '이'는 전설고모음으로 치조음 부근에서 나는 것이 아니라 경우개음 근처에서 발음된다. 반모음 'ㅣ'[j] 역시 경구개음이다. 이는 경구개음인 반모음 'ㅣ'[j]'와 경구개음 근처에서 발음되는 모음 '이'[i]의 영향으로 치조 자음 'ㄷ, ㅌ'이 경구개 자음 'ㅈ, ㅊ'으로 바뀌는 역행동화로 자음·모음간 동화로 볼 수 있다.

굳이 [구디 → 구지]　　　해돋이 [해도디 → 해도지]

땀받이[땀바디 → 땀바지]　　미닫이[미다디 → 미다지]

같이 [가티 → 가치]　　　붙여 [부텨 → 부쳐 → 부처]

벼훑이[벼훌티 → 벼훌치]

'ㄷ'의 뒤에 형식 형태소 '히'가 오면, 먼저 'ㄷ'과 'ㅎ'이 결합하여 'ㅌ'이 된 다음, 'ㅌ'이 구개음화하여 'ㅊ'이 된다.

굳히다[구티다 → 구치다]　　달히어 [달혀 → 다텨 → 다처]

또한, 구개음화에는 폐쇄음 구개음화 외에도 마찰음 구개음화, 통비음 구개음화, 설측음 구개음화 등이 있다. '실, 씨, 힘>심' 등은 마찰음 구개음화이고, '어머니, 소녀' 등은 비음 구개음화이다. 그리고 '달리, 달력' 등은 설측음 구개음화이다. 즉 치조음 'ㅅ[s]', 'ㄴ[n]', 'ㄹ[l]'은 '이'모음이나 반모음 'ㅣ' 앞에서는 경구개음 'ㅅ[ʃ]', 'ㄴ[ɲ]', 'ㄹ[ʎ]'으로 발음된다.

① 폐쇄음 구개음화 $\begin{bmatrix} t \rightarrow \check{c} \\ t^h \rightarrow \check{c}^h \end{bmatrix}$ / $\begin{bmatrix} i \\ j \end{bmatrix}$

② 마찰음 구개음화 $\begin{bmatrix} s \rightarrow \int \\ s' \rightarrow \int' \\ h \rightarrow \int \end{bmatrix}$ / $\begin{bmatrix} i \\ j \end{bmatrix}$

③ 통비음 구개음화 $n \rightarrow \textipa{\textltailn}$ / $\begin{bmatrix} i \\ j \end{bmatrix}$

④ 설측음 구개음화 $l \rightarrow \textipa{\textturny}$ / $\begin{bmatrix} i \\ j \end{bmatrix}$

참고 구개음화의 종류

 현대 한국어의 구개음화는 형식형태소인 조사, 접미사, 어미가 결합한 경우에 일어나며, 실질형태소인 어근을 갖는 형태소 내에서나 합성어 안에서는 구개음화가 일어나지 않는다. 그러나 근대국어(17세기 이후)에서는 한 형태소 안에서도 구개음화가 일어났다(①). 다만 ②의 사례들에서 보듯이 구개음화가 일어나지 않은 이유는 근대국어 당시에 '마듸, 잔듸, 듸듸다, 느틔나무, 버틔다' 등에서처럼 어근이 '-ㅢ'였으므로 구개음화가 일어나지 않았다. 그러다가 현대에 와서 '마디, 잔디, 디디다, 느티나무, 버티다' 등의 형태로 바뀌어 지금은 실질형태소 자체에서는 구개음화가 일어나지 않는다(③).

 ① 디다 → 지다 ᠎ ᠎ ᠎ ᠎ 뎔 → 졀 → 절
  텬디 → 쳔지 → 천지 ᠎ ᠎ 부텨 → 부쳐 → 부처
  됴타 → 죠타 → 좋다

② 마듸 → 마디   잔듸 → 잔디

    듸듸다 → 디디다   느틔나무 → 느티나무

    버틔다 → 버티다

③ 마디[*마지]   잔디[*잔지]

    디디다[*지지다]   느티나무[*느치나무]

    밭일[반닐, *바칠]

6.3.4. 모음동화와 모음조화

1) 모음동화

모음동화는 모음과 모음 간에 일어나는 동화 현상으로 'ㅏ, ㅓ, ㅗ, ㅜ'가 'ㅣ'모음의 영향으로 'ㅐ, ㅔ, ㅚ, ㅟ' 등으로 변하는 현상으로 일반적으로 'ㅣ'모음 역행동화를 말한다. 모음동화 역시 발음의 편리를 위한 것이다. 모음은 후설모음보다는 전설모음이 발음하기 편하고, 저모음보다는 고모음 발음이 입을 덜 벌린다는 점에서 에너지가 덜 소모되는 발음이다. 이에 'ㅏ' 발음은 후설모음이며 저모음으로, 전설모음이며 중모음인 'ㅐ'로 발음하는 것이 편하다. 그리고 'ㅔ' 발음 역시 전설모음이므로 후설모음인 'ㅓ'보다 발음을 쉽게 발음할 수 있다. 이들 발음은 대부분 표준어로 인정하지는 않는다. 동화인 이유는 양성모음은 양성모음(ㅏ→ㅐ)으로 음성모음은 음성모음(ㅓ→ㅔ)으로 발음되기 때문이다.[64]

---

64 '냄비, 멋쟁이, 댕기다(불이 옮아 붙다), 올챙이, 신출내기, 시골내기, 수수께

아비[애비]	손잡이[손재비]
창피[챙피]	올창이[올챙이]
남비[냄비]	아지랑이[아지랭이]
시골나기[시골내기]	개구장이[개구쟁이]
어미[에미]	수수꺼끼[수수께끼]
먹이다[메기다]	

한편, 'ㅣ' 뒤에 'ㅓ, ㅗ'가 오면 'ㅣ' 모음의 영향으로 'ㅕ, ㅛ'로 바뀌는 경우가 있다. 이는 'ㅣ' 모음 순행동화이다. 다만 '되어, 피어, 이오, 아니오'의 경우는 [어]와 [오]로 발음하는 것을 원칙으로 하되, [여]와 [요]로 발음하는 것도 허용한다. 그러나 'ㅣ' 모음이나 'ㅟ', 'ㅚ' 뒤에서는 대부분 반모음이 첨가돼 [ㅕ, ㅛ]로 발음된다.[65]

드디어[드디여]	참이었다[참이였다]
오시오[오시요]	당기시오[당기시요]
되어[되어 / 되여]	피어[피어 / 피여]
이오[이오 / 이요]	아니오[아니오 / 아니요]
바뀌어[바뀌여]	뛰어[뛰여]

끼' 등은 'ㅣ' 모음 역행동화로 굳어져 표준어로 인정된 것이다.

[65] 중세국어에서는 'ㅔ, ㅐ, ㅚ, ㅟ'가 이중모음으로 'ㅓ+ㅣ [j], ㅏ+ㅣ [j], ㅗ+ㅣ [j], ㅜ+ㅣ [j]' 형태로 반모음이 후행돼 나타났다. 그러나 근대국어 이후 'ㅔ, ㅐ'는 단모음으로 바뀌어 '세어[세어], 깨어[깨어]'로 발음된다.

2) 모음조화

한 단어 안에서 모음의 연쇄가 이루어지는데 동일한 자질을 공유하는 동화 현상을 모음조화(母音調和)라 한다. 한국어의 모음조화는 앞의 모음에 따라 뒤의 모음의 성질이 결정되기 때문에 모음동화로 보며 일종의 순행동화이다. 따라서 앞의 모음이 양성모음이면 뒤의 모음도 양성모음이고, 앞의 모음이 음성모음이면 뒤의 모음도 음성모음이 온다. 즉, 양성모음('ㅏ, ㅗ, ㅑ, ㅛ')은 양성모음끼리, 음성모음('ㅓ, ㅜ, ㅡ, ㅕ, ㅠ')은 음성모음끼리 어울리는 현상으로 15세기에는 철저히 지켜졌지만, 현대 국어에서는 현실발음의 편리와 모음 발음 강화 현상으로 모음조화가 많이 붕괴되었다.

(1) 용언 어간에 붙는 어미는 대부분 모음조화를 지키고 있으나(①), 일종의 발음 강화현상으로 모음조화가 붕괴된 단어가 많다(②). 반면에 의성어와 의태어에서는 지금도 철저히 지켜지고 있다(③).

① 막아 : 먹어   막았다 : 먹었다
   막아라 : 먹어라   잡아 : 접어
   잡았다 : 접었다   잡아라 : 접어라
② 오뚝이   괴로워
   아름다워   소꿉놀이
   깡충깡충[66]   오순도순[67]
③ 졸졸 : 줄줄   캄캄하다 : 컴컴하다

알록달록 : 얼룩덜룩	살랑살랑 : 설렁설렁
찰랑찰랑 : 철렁철렁	알록달록 : 얼룩덜룩
찰찰 : 철철	달달 : 들들

참고 중성 'ㅣ'모음

'ㅣ' 모음은 중세어에서 중모음으로 그 앞의 선행모음의 종류에 따라 선어말어미의 표기가 달랐으며(①), 어두에서는 음성모음으로 처리한다(②).

① 가ᄅ치다 : 가ᄅ쵸ᄃᆡ, 가ᄅ촘 / 먹이우ᄃᆡ, 먹이움

② 비어, 끼어, 이어

---

(2) 15세기 한국어의 모음조화

① 어기

ᄀᆞᅀᆞᆯ(가을)	ᄀᆞᄫᆞᆯ(고을)
하ᄂᆞᆯ(하늘)	다ᄉᆞᆺ(다섯)
나모(나무)	서르(서로)
셔ᄫᅳᆯ(서울)	겨ᅀᅳᆯ(겨울)
여슷(여섯)	구무(구멍)

---

66 '깡충깡충'은 음성상징어로 모음조화를 지키는 것이 맞지만 현실발음을 중시하여 '깡충깡충'을 표준어로 정했다.

67 '오순도순'은 '오손도손(정답게 이야기하거나 의좋게 지내는 모양)의 큰말이며 둘 모두 표준어로 인정한다.

② 체언+조사

ᄇᆞ롬+올	노래+롤
나ᄀᆞ내+ᄂᆞᆫ	강촌+애
부모+인	돈+ᄋᆞ로
구룸+을	글+을
구슬+은	믈+에
잎+에	이구+의
금+으로	

③ 어간+어미

솟+아	웃+어	짓+어
돌+오(도로, 돌려)		기울+우(기우루, 기울게)
곧+은(고든, 곧은)		굳+은(구든, 굳은)

> **참고** ' ᆞ ' 음의 소멸
>
> ' ᆞ ' 음의 소멸은 16세기 이후이며, 문자의 소멸은 1933년이다.
> 첫음절에서는(18C 후반) 주로 ' ᆞ > ㅏ '로(ᄆᆞᆯ[馬]>말, ᄆᆞᆰ다[淸]>맑
> 다), 2음절에서는(16C 중반) ' ᆞ > ㅡ '(ᄀᆞ득[滿]>ᄀᆞ득(16세기)>가득
> (18세기)이며, 이외에 ' ᆞ > ㅗ (ᄉᆞ매>소매), ᆞ > ㅓ (ᄇᆞ리다>버리다)
> ᆞ > ㅜ (아ᅀᆞ>아우), ᆞ > ㅣ (아ᄎᆞᆷ>아침)' 등으로 변천되었다.[68]

---

[68] 'ᄆᆞᅀᆞᆯ[村]>ᄆᆞ을(16세기)>마을(18세기)'의 변천처럼 뒤 음절의 ' ᆞ '가 먼저
소멸되었고, 다음으로 첫 음절의 ' ᆞ '가 소멸되었다.

6.4. 음운의 축약, 탈락, 첨가

6.4.1. 음운의 축약

두 형태소가 서로 만날 때에 앞뒤 형태소의 두 음운이나 두 음절이 하나의 음운이나 하나의 음절로 줄어드는 현상을 축약이라 한다. 축약 현상에는 자음 축약과 모음 축약이 있다.

1) 자음축약

(1) 'ㄱ, ㄷ, ㅂ, ㅈ'과 'ㅎ(ㄶ, ㅀ)'이 만나면 'ㅋ, ㅌ, ㅍ, ㅊ'으로 축약된다.[69] 이를 유기음화 또는 격음화라고도 한다.

먹히다[머키다]   맏형[마텽]

잡히다[자피다]   꽂히다[꼬치다]

많고[만코]   않던[안턴]

닳지[달치]

(2) 'ㅎ'과 'ㄱ, ㄷ, ㅂ, ㅈ'이 만나면 'ㅋ, ㅌ, ㅍ, ㅊ'으로 축약된다.[70]

놓고[노코]   좋다[조타]   쌓지[싸치]

---

[69] 받침 /ㄱ, ㄷ, ㅂ/[k, t, p]과 /ㅎ/[h]이 서로 만나면 /ㅋ, ㅌ, ㅍ/[kʰ, tʰ, pʰ]으로 축약된다.

[70] /ㅎ+ㄱ/[h+k] → /ㅋ/[kʰ], /ㅎ+ㄷ/[h+t] → /ㅌ/[tʰ], /ㅎ+ㅈ/[h+č] → /ㅊ/[čʰ].

(3) 'ㄱ(ㄹㄱ), ㄷ(ㅅ, ㅈ, ㅊ, ㅌ), ㅂ(ㄹㅂ), ㅈ(ㄴㅈ)'이 뒤 음절 'ㅎ'과 만나
    면 'ㅋ, ㅌ, ㅍ, ㅊ'로 축약된다.

밝히다[발키다]   옷 한 벌[온한벌 → 오탄벌]

숱하다[수타다]   넓히다[널피다]

꽃 한 송이[꼳한송이 → 꼬탄송이]   앉히다[안치다]

2) 모음 축약

두 모음이 서로 만나서 한 음절이 되는 모음 축약이 있다. 주로 용
언의 어간에 어미 '-아/어'가 결합할 때 일어난다. 이는 일종의 반모
음화 현상이다. 즉 '가리+어 → 가려, 보+아 → 봐' 등으로 음절이 줄
어든 현상으로 이는 어간의 단모음 '이'와 '오/우'가 반모음(ㅣ[j], ㅗ
/ㅜ[w])으로 바뀌어 발음되기 때문이다.

(1) 모음 축약이 되는 주된 이유는 선행 모음이 반모음으로 변하기
    때문이다. 예를 들어 '보이어 → 보여'가 된 것은 '보+이[i →
    j]+어[ə]>여[jə]', '오아 → 와'로 된 것은 '오[o → w]+아[a]>와
    [wa]' 등에서처럼 반모음화가 되었기 때문이다. 이때 반모음화
    는 '반모음+단모음'의 형식이다.

가리어 → 가려   견디어 → 견뎌

모이어 → 모여   녹이어 → 녹여

막히어 → 막혀   보아라 → 봐라

오아서 → 와서　　　　　　두어 → 둬

쑤어 → 쒀　　　　　　　　주어 → 줘

(2) 모음 축약으로 후행 모음이 반모음으로 변하는 현상이다. 즉 '단모음+반모음'의 형식이다. 예를 들어 '뜨이다 → 띄다'의 경우 후행 모음 '이'가 반모음이 돼 앞의 'ㅡ'에 결합되는 현상이다. 또한 '나, 너, 저'의 경우도 선행 단모음에 후행 반모음 'ㅣ'[j]가 결합돼 '내, 네, 제'(단모음+반모음)가 된 것이다.

뜨이[t'ɯi]다 → 띄[t'ɯj]다　　나[na]+ㅣ[j] → 내[71]

너+ㅣ[j] → 네　　　　　　　저+ㅣ[j] → 제

(3) 단모음과 단모음이 만나서 단모음으로 바뀌는 현상이다. 예를 들어 'ㅏ'[a]와 'ㅣ'[i]가 만나면 'ㅐ'[ɛ]가되고, 'ㅓ'[ʌ]와 'ㅣ'[i]가 만나 'ㅔ'[e]로 되는 현상이다. 또한 '보+이+다 → 뵈다', '오누+이 → 오뉘'의 경우처럼 단모음 'ㅗ'[o]와 'ㅣ'[i], 'ㅜ'[u]와 'ㅣ'[i]가 결합돼 각각 단모음 'ㅚ'[ö], 'ㅟ'[y]가 된다.

가히 → 가이 → 개(犬)　　　아이 → 애

---

[71] 중세국어 '나'와 '너'의 모음 다음에 오는 주격조사는 반모음 'ㅣ'로 '나+ㅣ[j]→내', '너+ㅣ[j] → 네'이다. 'ㅐ', 'ㅔ'가 당시에는 이중모음이었다. 따라서 오늘날 모음 다음에 사용하는 '가'는 중세국어에서 사용하는 'ㅣ'를 대신하기 때문에 '내가, 네가'는 본래 '나가, 너가'가 바른 표기이다. '저'의 경우도 마찬가지로 바른 표기는 '저가'이다.

사이 → 새   서히 → 서이 → 세(三)

저이 → 제   터이니 → 테니

보이다 → 뵈다   조이다 → 죄다

오누이 → 오뉘

(4) 특수한 경우도 있다. 모음 'ㅚ'[[ö]에 '어'가 결합되면 '반모음
    [w]+ 단모음(ㅐ)' 형식으로 된다. 그리고 '하+여 → 해[a+jʌ→ɛ]'
    의 경우도 있다.[72]

되어[ö+ʌ] → 돼[wɛ]   꾀어[ö+ʌ] → 꽤[wɛ]

뵈어[ö+ʌ] → 봬[wɛ]   하[ha] + 여[jʌ] → 해[hɛ]

6.4.2. 음운의 탈락

둘 이상의 형태소나 음절이 서로 만날 때에 어느 한 음운이나 음
절이 없어지는 현상을 탈락이라 한다. 탈락 현상에는 자음 탈락과
모음 탈락이 있는데, 자음 탈락에는 'ㄹ' 탈락, 'ㅎ' 탈락이 있다. 또
한 겹받침이 자음과 만날 때 대표음으로 발음되는 자음군 단순화 등
이 있다.

---

72 중세국어에서 'ㅎ+아 → ㅎ야'이었으나 'ㆍ' 소멸과 모음조화 붕괴로 '하여'
    가 되었다.

1) 자음 탈락

(1) 받침 'ㄹ'[l]은 뒤에 오는 음절 두음 'ㄴ[n], ㄷ[t], ㅂ[p], 오[o], ㅅ[s], ㅈ[č]' 앞에서 탈락한다.

딸님 → 따님	솔나무 → 소나무
울는→ 우는	살는 → 사는
열달이 → 여달이	달달이 → 다달이
놀(다)+ㅂ니다 → 놉니다	알(다)+ㅂ니다 → 압니다
살오 → 사오	울오 → 우오
말소 → 마소	알소서 → 아소서
울시다 → 우시다	울세요 → 우세요
바늘질 → 바느질	울짖다 → 우짖다

(2) 'ㅅ' 받침을 갖는 불규칙 용언 어근은 다음에 오는 모음으로 시작되는 어미와 결합하면 'ㅅ'은 탈락된다.

붓+어 → 부어	긋+어 → 그어
짓+으니 → 지으니	잇+으며 → 이으며

(3) 대명사 '이것, 저것, 무엇' 등은 뒤에 '이'와 결합하면 'ㅅ'은 탈락된다.

이것+이 → 이게	저것+이 → 저게

무엇+이 → 무에

(4) 겹받침의 두 자음이 음절 끝에 놓일 때 겹받침 뒤에 아무런 음
    이 따르지 않거나, 겹받침이 자음과 만나는 경우에는 겹받침
    중 어느 하나가 탈락돼서 대표음으로 발음된다. 이는 받침 자
    음군 단순화로 음절 끝소리 규칙으로 볼 수도 있다.

넋 → [넉]   값 → [갑]

앎[앞 → 압]   값도 → [갑도] → [갑또]

없고 → [업고] → [업꼬]   밟지 → [밥:지] → [밥:찌]

넓지 → [널지] → [널찌]

(5) 받침 'ㅎ(ㄶ, ㅀ)' 뒤에 모음으로 시작된 어미나 접미사가 결합
    되는 경우, 그리고 'ㄴ'이 결합되는 경우에는 'ㅎ'이 탈락된다.
    이는 유성음 사이에서 'ㅎ'이 탈락되는 현상이다.

넣어[너어]   낳은[나은]

좋은[조은]   놓아[노아]

쌓이다[싸이다]   많아[마:나]

않은[아는]   닳아[다라]

싫어도[시러도]   않네[안네]

않는[안는]   뚫네[뚤네 → 뚤레]

뚫는[뚤는 → 뚤른]

(6) 'ㅎ' 불규칙 용언의 받침 'ㅎ'은 유성음 사이에서 탈락된다.

파랗+아 → 파래   노랗+ㄴ → 노란
하얗+아서 → 하얘서   커다랗+며 → 커다라며

(7) 한국어 어두에 오는 음절의 첫소리 'ㄹ'[ɾ]은 탈락되고, 'ㄴ'[n]
은 '이'모음이나 반모음 'ㅣ' 앞에서 탈락된다.

락원 → 낙원   래일 → 내일
로인 → 노인   량심 → 양심
룡궁 → 용궁   력사 → 역사
리발소 → 이발소   님 → 임
녀자 → 여자   뉴대 → 유대
년세 → 연세

(8) 기타의 경우

육월 → 유월   십월 → 시월
숙육(熟肉) → 수육(삶아 내어 물기를 뺀 고기)

(9) 한국어의 통시적 변천으로 자음이 탈락한 경우가 있다.[73]

---

[73] 이철수(1997:153) 참조.

① '르' 탈락

　　나리(川) → 내　　　　　　　누리(世) → 뉘

　　알프다(病) → 아프다 → 아프다

　　골프다(飢) → 고프다 → 고프다

② 'ㅎ' 탈락

　　바회 → 바외 → 바위　　　빈혀 → 빈여 → 비녀

　　안해 → 안애 → 아내　　　올히 → 올이 → 오리

　　가히 → 가이 → 개　　　　나히 → 나이

　　스나히 → 사나이(사내)　　아히 → 아이 → 아이

　　싸호다 → 싸오다 → 싸우다

　　빅호다 → 빅오다 → 배우다

　　산힝 → 산잉 → 사닝 → 사냥

　　귀향 → 귀양

③ 'ㄱ' 탈락

　　놀개 → 놀애 → 노래　　　몰개 → 몰애 → 모래

2) 모음 탈락

(1) 용언 어간이 'ㅏ', 'ㅓ'로 끝나는 모음 뒤에 어미 모음 '아', '어'
　　가 인접해서 만날 때에 동일 음소인 경우 어미 모음 '아', '어'가
　　탈락된다.

가아서 → 가서   타아 → 타

서어 → 서   켜어 → 켜

(2) 앞의 음절 끝모음이 'ㅡ'로 끝나고 인접되는 어미 '어/아'와 결합할 경우에 앞의 음절 끝모음 'ㅡ'가 탈락된다.

뜨어 → 떠   끄어 → 꺼

쓰어 → 써   바쁘+아 → 바빠

건너+어 → 건너   예쁘+어 → 예뻐

기쁘+어 → 기뻐   뜨어 → 떠

(3) 'ㄹ'로 끝나는 용언 어간+ '-으'로 시작하는 어미에서 'ㅡ'가 탈락된다. 또한 'ㄹ'로 끝나는 체언 뒤의 조사 '으로'가 오는 경우에도 'ㅡ'가 탈락된다.

알+으면 → 알면   풀+으면 → 풀면

서울+으로 → 서울로   일+으로 → 일로

(4) 앞의 음절 끝 모음이 'ㅐ, ㅔ'이고 인접되는 모음이 '어'일 경우에 '어'가 탈락된다.

재어서 → 재서   내어 → 내

개었다 → 갰다   세어 → 세

베어라 → 베라

(5) 어간의 끝음절 '하'의 앞의 음소가 울림소리일 경우에는 모음 'ㅏ'가 탈락된다.

간편하게 → 간편케   연구하도록 → 연구토록
다정하다 → 다정타

(6) 단어의 끝모음이 탈락되는 경우이다.

어제저녁 → 엊저녁   온가지 → 온갖
가지고 → 갖고   디디고 → 딛고

(7) 한국어의 통시적 변천으로 모음이 탈락한 경우가 있다.

거우르 → 거울   고마 → 곰
소옴 → 솜   드르 → 들
ᄒᆞ올로 → 홀로

3) 자음, 모음 탈락
자음과 모음이 함께 탈락하는 경우이다.

(1) 체언과 조사가 결합할 경우에 모음과 자음이 탈락된다.

나는 → 난   너는 → 넌
나를 → 날   너를 → 널
그러면 → 그럼   그것이 → 그게
그것은 → 그건   무엇이 → 뭣이/무에
무엇을 → 무얼/뭣을/뭘

(2) 어간의 끝음절 '하'의 앞의 음소가 안울림소리일 경우에는 '하'
가 탈락된다.

섭섭하지 → 섭섭지   깨끗하지 → 깨끗지
생각하건대 → 생각건대   넉넉하지 → 넉넉지

6.4.3. 음운의 첨가

첨가란 단어나 어절의 어떤 음을 첨가하여 발음하는 음운 현상이
다. 통시적 변천에서 음운이 첨가하는 현상이 자주 나타났지만 현대
국어에서 표기상 첨가 현상은 많지 않다. 음운 첨가에는 사이시옷
음운 첨가, 'ㄴ' 소리 첨가 등이 있다.

1) 사이시옷 첨가
두 개의 형태소 또는 단어가 어울려 합성어를 이룰 때, 앞의 말의

끝소리가 울림소리이고 그 사이에 덧생기는 소리가 있을 때, 앞의 말이 모음으로 끝나면 사이시옷을 적는다. 즉, 뒤의 말의 첫소리가 안울림소리이면 뒤의 예사소리가 된소리로 변하는 음운의 변동을 사잇소리 현상이라 한다. 그리고 앞말이 모음으로 끝나고 뒷말이 'ㅁ, ㄴ'으로 시작되는 명사가 올 경우 'ㄴ' 소리가 주로 받침에 덧나는 경우도 사이시옷을 표기하는 사잇소리 현상의 일종이다.

(1) 뒷말의 첫소리 'ㄱ, ㄷ, ㅂ, ㅅ, ㅈ'이 와서 된소리로 발음할 경우에 단어 앞에 사이시옷을 첨가한다.[74] 그리고 사이시옷을 [ㄷ]으로 발음하는 것도 허용한다.

배+속 → 뱃속[배쏙/밷쏙] 새+길 → 샛길[새ː낄/샏ː낄]

코+등 → 콧등[코뜽/콛뜽] 기+발 → 깃발[기빨/긷빨]

해+볕 → 햇볕[해뼏/핻뼏] 뒤+간 → 뒷간[뒤깐/뒫깐]

해+살 → 햇살[해쌀/핻쌀] 매+돌→ 맷돌[매똘/맫똘]

아래+방 → 아랫방[아래빵/아랟빵]

아래+집 → 아랫집[아래찝/아랟찝]

고기+배 → 고깃배(漁船)[고기빼/고긷빼]

뒤+동산 → 뒷동산[뒤똥산/뒫똥산]

(2) 앞말의 끔소리가 모음이고 뒷말의 처소리가 'ㄴ, ㅁ'이 올 경우

---

74 합성어의 경우 사잇소리 현상에서 사이시옷 첨가 현상이 나타난다.

사이시옷을 적으며 [ㄴ]으로 발음한다. 이는 'ㅅ'이 대표음 'ㄷ'으로 바뀌고, 뒤의 비음인 'ㄴ, ㅁ'으로 인해 [ㄴ]으로 발음하는 비음동화의 일종이다.

코+날 → 콧날[콛날→콘날]　　내+물 → 냇물[낻물→낸물]
이+몸 → 잇몸[읻몸→인몸]　　후+날 → 홋날[혿날→훈날]
제사+날 → 제삿날[제삳날→제산날]
아래+니 → 아랫니[아랟니→아랜니]
배+머리 → 뱃머리[밷머리→밴머리]

(3) 앞말의 끝소리가 모음이고 뒷말의 첫소리가 '이'가 올 경우에 사이시옷을 적으며 [ㄴ ㄴ]으로 발음한다. 이는 'ㅅ'이 대표음 'ㄷ'으로 바뀌고, 뒤의 초성에 발음 첨가 [ㄴ]으로 인해 받침 [ㄷ]이 [ㄴ]으로 발음된다.

뒤+일 → 뒷일[뒨닐→뒨닐]　　깨+잎 → 깻잎[깯닙→깬닙]
나무+잎 → 나뭇잎[나묻닙→나문닙]
예사+일 → 예삿일[예삳닐→예산닐]
후+일 → 홋일[혿닐→훈닐]

(4) 사이시옷 표기 조건은 합성명사이어야 하고, 두 단어 중 하나는 고유어여야 한다. 즉, 외래어가 있거나 두 단어가 모두 한자어인 경우에는 사이시옷을 첨가하지 않는다.[75]

핑크+빛 → 핑크빛[핑크삗]   로마+자 → 로마자[로마짜]

초(焦)+점(點) → 초점[초쩜]   사(史)+과(科) → 사과[사꽈]

전세(傳貰)+방(房) → 전세방[전세빵]

(5) 말에 따라서 사이시옷 첨가 현상이 일어나기도 하고 일어나지 않기도 한다.

노랫말, 본딧말, 존댓말, 혼잣말 : 인사말, 머리말, 반대말

머릿기름, 머릿결, 머릿돌 : 머리글, 머리글자, 머리기사

2) 소리의 첨가

(1) 합성어 및 파생어에서, 앞 단어나 접두사의 끝이 자음이고 뒤 단어나 접미사의 첫음절이 '이, 야, 여, 요, 유'인 경우에는, 'ㄴ' 음을 첨가하여 [니, 냐, 녀, 뇨, 뉴]로 발음한다.

솜-이불[솜ː니불]   맨-입[맨닙]

한-여름[한녀름]   신-여성[신녀성]

남존-여비[남존녀비]   눈-요기[눈뇨기]

논-일 [논닐]   식용-유[식용뉴→시굥뉴]

담-요[담ː뇨]   콩-엿[콩녇]

---

75 한자가 합쳐서 단어를 이룰 경우에는 앞말이 모음으로 끝나더라도 사이시 옷을 표기하지 않는다. 다만 6개의 한자어(곳간(庫間), 셋방(貰房), 숫자(數字), 찻간(車間), 툇간(退間), 횟수(回數)에만 사이시옷을 적는다.

그리고 'ㄴ' 첨가 후에 받침이 'ㄱ, ㄷ, ㅂ'으로 끝나면 비음화 현상
이 일어난다.

집-일[집닐→짐닐]　　　　부엌-일[부억닐→부엉닐]
홑-이불[혼니불→혼니불]　　막-일[막닐→망닐]
삯-일[삭닐→상닐]　　　　　꽃-잎[곧닙→꼰닙]
색-연필[색년필→생년필]　　내복-약[내 :복냑→내:봉냑]
늑막-염[늑막념→능망념]　　영업-용[영업뇽→영엄뇽]

(2) 'ㄹ' 받침 뒤에 첨가되는 'ㄴ' 음은 [ㄹ]로 발음한다.

들 - 일[들:릴]　　　　　　솔 - 잎[솔립]
설 - 익다[설릭따]　　　　　물 - 약[물략]
서울 - 역[서울력]　　　　　물 - 엿[물렫]
휘발 - 유[휘발류]

(3) 앞의 형태소 끝소리(종성)가 저지음 평음 'ㄱ, ㄷ, ㅂ, ㅅ, ㅈ'[k, t, p]이고 뒤에 오는 형태소의 첫소리(초성)가 무성저지음 'ㄱ, ㄷ, ㅂ, ㅅ, ㅈ'[k, t, p, s, ʧ]이면 음절 두음이 된소리[k', t', p', s', ʧ']로 바뀐다.

막고 → [막꼬]　　　　　　닫다 → [닫따]

벽보 → [벽뽀]   밥솥 → [밥쏟]

옷장 → [온짱]   젖소 → [전쏘]

(4) 앞의 형태소 받침이 공명자음 'ㅁ, ㄴ, ㅇ, ㄹ'[m, n, ŋ, l]이고, 뒤
   의 형태소 초성이 무성저지음 'ㄱ, ㄷ, ㅂ, ㅅ, ㅈ'[k, t, p, s, ʧ]이
   면 음절 두음이 된소리[k', t', p', s', ʧ']로 바뀐다.

넘고 → [넘꼬]   남다 → 남따]

눈길 → [눈낄]   등불 → [등뿔]

물속 → [물쏙]   산새 → [산쌔]

발전 → [발쩐]   눈동자 → [눈똥자]

창살 → [창쌀]

(5) 관형사형어미 '-(으)ㄹ' 뒤에 연결되는 무성저지음 'ㄱ, ㄷ, ㅂ,
   ㅅ, ㅈ'[k, t, p, s, ʧ]이면 음절 두음이 된소리[k', t', p', s', ʧ']로 바
   뀐다.

할 것을 → [할꺼슬]   할 바를 → [할빠를]

갈 적에 → [갈쩌게]   할 도리 → [할또리]

만날 사람 → [만날싸람]

(6) 기타의 경우로 'ㄹ' 첨가, 'ㅇ' 첨가, 'ㅂ' 첨가, 'ㅎ' 첨가 등이 있다.

이르어 → 이르러　　　　　푸르어 → 푸르러

누르어 → 누르러　　　　　소아지 → 송아지

가아지 → 강아지　　　　　조쌀 → 좁쌀

벼씨 → 볍씨　　　　　　　해쌀 → 햅쌀

수닭 → 수탉　　　　　　　수강아지 → 수캉아지

수병아리 → 수평아리　　　안밖 → 안팎

(7) 통시적 첨가로 자음 첨가, 모음 첨가, 자음-모음 첨가 등이
　　있다.

호자 → 혼자　　　　　더디다 → 더지다 → 던지다

베푸다 → 베풀다　　　머추다 → 멈추다

점다 → 젊다　　　　　넙다 → 넓다

벌에 → 벌레　　　　　머리 → 멀리

우 → 위　　　　　　　물 → 무리

쟐(잘) → 자루　　　　긷 → 기둥

씨 → 씨앗　　　　　　털 → 터럭

줌 → 주먹　　　　　　잇 → 이끼

싸 → 땅

(8) 음절이 첨가된 경우도 있다.

마 → 장마　　　　　　앗다 → 빼앗다

보 → 들보

6.5. 중세국어의 음운 규칙[76]

(1) 모음조화

모음조화(母音調和)는 '나는, 하늘 홀, 손ᄋ로 : 눈은, 님을, 쑴으로' 등처럼 체언과 조사 사이, '가는, 고바, 쌔ᄅ다 : 여르니, 구버, 흐르다' 등처럼 용언과 어미 사이에서 앞 음절이 양성모음(ㆍ, ㅏ, ㅗ, ㅘ, ㅛ, ㅑ, ㅚ, ㅐ, ㅙ)이면 뒤의 음절도 양성모음, 앞 음절이 음성모음(ㅡ, ㅜ, ㅓ, ㅠ, ㅕ, ㅢ, ㅟ, ㅔ, ㅖ)이면 뒤의 음절도 음성모음을 이룬다. 모음조화는 15세기에는 엄격했으나, 후세에 내려오면서 문란해지다가 현재에는 의성어와 의태어, 용언의 활용형에서 부사형의 '-아(어)', 과거시제의 '-았(었)' 등에서 지켜진다. 모음조화가 혼란해진 원인은 'ㆍ'가 소멸된 것이 가장 큰 이유이며, 이외에도 발음의 강화현상과 한자어와의 혼용을 들 수 있다.

중성 모음은 대체로 그 앞의 선행 모음에 따라 결정되지만, 중성 모음 앞에 선행모음이 없으면 음성 모음과 어울린다.[77] 그리고 모음조화가 일어나지 않는 경우는 현재선어말어미 'ᄂ'의 경우로 '쓰ᄂ니

---

76 박덕유(2018:33-42) 참조.

77 예를 들어 'ᄀᄅ치오ᄃᆡ(ᄀᄅ쵸ᄃᆡ)'의 경우 '치'의 'ㅣ'가 중성 모음이므로 그 앞의 'ᄀᄅ'가 양성모음이므로 선어말어미 '오'를 취한다. 그리고 '잇+어, ᄭᅵ+어'처럼 어두에 'ㅣ'모음은 일반적으로 음성모음인 '어'와 결합한다.

라, 우ᄂᆞ' 등을 들 수 있다.

(2) 'ㅣ'모음동화

'ㅣ'모음동화는 'ㅣ' 모음이나 반모음 'ㅣ'[j]아래 단모음이 올 때, 단모음 'ㅏ, ㅓ, ㅗ, ㅜ, ㅡ' 모음이 'ㅣ'모음과 만나서 그 영향으로 'ㅑ, ㅕ, ㅛ, ㅠ, ㅐ, ㅔ, ㅖ, ㅚ' 등으로 변하는 현상이다. 이는 다시 동화의 방향에 따라 'ㅣ'모음이 앞이냐 뒤이냐에 따라 'ㅣ'모음 순행동화와 'ㅣ' 모음 역행동화로 나뉜다. 전자의 예로 'ᄃᆞ외+아>ᄃᆞ외야, 쉬+우+ㅁ>쉬윰', 후자의 예로 '겨집>계집, 곳고리>굇고리, 굴며기>갈메기, 무더기>무데기, ᄒᆞ+이시아>히이시야, 겨시다>계시다' 등을 들 수 있다.

'ㅣ'모음동화가 일어나지 않는 경우는 'ㅣ'아래 'ㄱ'이 'ㅇ'으로 바뀐 경우로 '이고>이오, 히고>히오, 뷔거ᄉᆞ>뷔어ᄉᆞ'를 들 수 있으며, 또한 사동이나 피동 접미사(오/우)의 경우로 '샹ᄒᆞ+이+오+ᄃᆡ>샹히오ᄃᆡ', 그리고 의문형 어미 '오'의 경우로 '엇뎨 구틔여 혜리오, ᄆᆞᆺ디 아니ᄒᆞ엿ᄂᆞ니오' 등을 들 수 있다.[78]

(3) 탈락과 축약

일종의 모음 충돌 회피로 탈락과 축약이 있다. 우선 탈락은 모음과 모음이 이어질 때와 매개모음 성격의 모음(ㆍ, ㅡ)에 일반 모음(ㅏ,

---

[78] 그리고 뒤의 음절의 첫소리가 유음(ㄹ)과 치음(ㅈ, ㅊ, ㅅ)일 때도 일어나지 않는다. 예를 들면 '머리>머리, 보리>보리', '가지>가지, 까치>까치, 모시>모시'를 들 수 있다.

ㅓ, ㅗ, ㅜ)가 이어질 때에 'ㆍ, ㅡ'가 탈락된다. 예를 들면 '쓰+움>뿜, 트+아>타, ㅎ+옴>홈, ㅎ올로>홀로' 등을 들 수 있다.

다음으로 축약은 '음운 A + 음운 B → 음운 C'의 형식으로 'ㅣ' 단모음 아래 'ㅏ, ㅓ, ㅗ, ㅜ'가 오거나, 'ㅏ, ㅓ, ㅗ, ㅜ, ㅑ, ㅕ' 아래 'ㅣ' 모음이 이어지면 축약되고, 'ㅗ+ㅏ', 'ㅜ+ㅓ'도 축약된다. 예를 들면 '너기+어>너겨, ㅂ리+옴>ㅂ룜, 나+ㅣ>내, 오+아>와, 저+ㅣ>제, 어울+우+어>어울워' 등을 들 수 있다. 반모음화 현상이 그 원인이다.

> **참고** 모음 충돌 회피
>
> 모음과 모음이 결합하여 두 음절을 이루는 경우, 발음하기가 매끄럽지 않고 약간 거북한 경우가 있다. 이를 모음 충돌(Hiatus)이라 하고, 이를 해결하기 위해 반자음 [j]이나 자음 음가 'ㅇ[ŋ]'을 첨가한다.
>
> ㅎ+아>ㅎ야, 머거ㅿ>머거야
>
> 죠히>죠히>조이>종이, 쇼아지>숑아지>송아지

(4) 자음 충돌 회피

어간이 'ㄹ'로 끝나는 용언의 경우, 어간 'ㄹ' 아래 어미 'ㄴ, ㅿ' 등이 이어질 때 어간의 'ㄹ'이 탈락된다. 예를 들어 '일(成)+ㄴ니>이ㄴ니, 밍글+노니>밍ㄱ노니, 알+ㄴ는>아는, 일+ㅿ읍>이습, 밍글+습>밍ㄱ습' 등을 들 수 있다.

또한 매개모음 '-ㅇ-/-으-'의 경우로 어간의 말음이 자음이고 어미도 자음이 이어질 때 매개모음 '-ㅇ-/-으-'가 삽입된다. 예를 들어 '잡+

으+면>자ᄇ면, 잡+으+니>자ᄇ니, 잡+을+씨>자ᄇᆯ씨', '먹+으+면>머그면, 먹+으니>머그니, 먹+을씨>머글씨' 등을 들 수 있다.

⑸ **설측음화**

유음(ㄹ)은 초성에서 날 때에는 혀굴림소리(설전음)로 발음되며, 종성에서 날 때에는 혀옆소리(설측음)로 발음된다. 예를 들어 '나라[nara]'의 'ㄹ'은 설전음[r]으로 혀를 굴려 내는 소리이며, '달아[tala]'의 'ㄹ'은 설측음[l]로 이는 혀 끝을 잇몸에 대고 공기를 혀 옆으로 흘려 보내는 소리이다. 이러한 설측음화 현상은 'ᄅ/르' 어간에 모음이 연결될 때, 'ㆍ/ㅡ'가 탈락되면서 'ㄹ'이 분철되어 설측음으로 발음된다.

① 'ㄹ-ㅇ'의 경우

다ᄅ다(異) : 다ᄅ +아 >달아, 다ᄅ +옴 >달 옴

오ᄅ다(登) : 오ᄅ +아 >올아, 오ᄅ +옴 >올옴

니르다(言) : 니르 +어 > 닐어, 니르 +움 > 닐움

ᄆᆞᄅ다(裁) : ᄆᆞᄅ+아 > 물아, ᄆᆞᄅ+옴 > 물옴

② 'ㄹ-ㄹ'의 경우

ᄲᆞᄅ다(速) : ᄲᆞᄅ+아 > 샐라, 샐+옴 > 샐롬

모ᄅ다(不知) : 모ᄅ +아 >몰라, 모ᄅ +옴 >몰롬

흐르다(流) : 흐르+어 > 흘러, 흐르+움 > 흘룸

(6) 구개음화

중세국어에서는 'ㄷ, ㅌ'이 'ㅣ'모음이나 'ㅣ'선행모음(ㅑ, ㅕ, ㅛ, ㅠ) 앞에서 발음되었으나, 17세기 말경부터는 'ㄷ, ㅌ'이 뒤의 경구개음에서 발음되는 '이' 모음이나 반모음 'ㅣ'의 영향을 받아 같은 위치의 경구개음 'ㅈ, ㅊ'으로 발음되었다. 이는 일종의 역행동화 현상이다. 예를 들면 '디다>지다, 둏다>좋다, 뎌긔>져긔>저기, 텬디>천지, 부텨>부쳐>부처, 부티다>부치다, 티다>치다' 등을 들 수 있다. 현대어와는 다르게 어근 자체에서도 구개음화 현상이 일어났다.

(7) 원순모음화

순음 'ㅁ, ㅂ, ㅍ' 아래 오는 평순모음 'ㅡ'가 원순모음 'ㅜ'로 변하는 현상으로, 이는 발음의 편리를 꾀한 변화라고 볼 수 있다. 즉, 'ㅜ'는 입술을 둥글게 하고 혀를 연구개쪽으로 닿게 하여 발음하는 현상이다. 이는 15세기에 일부 나타나기 시작하여 17세기 말에서 18세기에 많이 나타났다. 예를 들면 '믈>물, 므러>물어, 블>불, 븟다>붓다, 플>풀, 플다>풀다' 등을 들 수 있다. 15세기에는 '믈[水] : 물[群], 브르다[飽] : 부르다[殖, 潤]'처럼 구별되는 경우도 있다.[79]

(8) 전설모음화

중설모음인 'ㅡ'음이 치음 'ㅅ, ㅈ, ㅊ' 밑에서 전설모음 'ㅣ'로 변하는 현상으로 18세기 말 이후에 나타나는 일종의 순행동화 현상이

---

79 원순모음화는 '어듭다>어둡다'처럼 순음이 아닌 'ㄷ'아래에서도 일어났다.

다. '즛(貌)>짓, 거즛(假)>거짓, 츩(葛)>칡, 며츨>며칠, 법측>법칙, 거츨다>거칠다, 슳다>싫다' 등을 들 수 있다. 그리고 19세기에는 '싀골>시골, 일긔>일기, 픠다>픠다>피다, 견듸다>견디다, 뷔다>븨다>비다, 긔챠>기차' 등처럼 'ㅢ>ㅣ'가 되는 전설모음화의 사례도 발견된다.

(9) 단모음화

치음인 'ㅅ, ㅈ, ㅊ' 뒤에서 이중모음인 'ㅑ, ㅕ, ㅛ, ㅠ'가 앞의 치음의 영향을 받아 'ㅏ, ㅓ, ㅗ, ㅜ'의 단모음으로 바뀌는 현상으로 일종의 순행동화이다. 이는 18세기 말에 나타나기 시작하여 1933년 '한글맞춤법통일안'에서 확정되었다. '셤>섬, 쇼>소, 셰상>세상, 둏다>좋다>좋다, 쵸>초, 져>저(젓가락)' 등을 들 수 있다.

(10) 이화

한 단어 안에 같거나 비슷한 음운 둘 이상이 있을 때, 그 말의 발음을 보다 분명하게 하기 위해 그 중 한 음운을 다른 음운으로 바꾸는 것으로 동화와 반대되는 현상이다. 여기에는 자음의 이화와 모음의 이화가 있는 데, 자음의 이화로는 '붚>북, 거붑>거북, 브섭>부억(부엌), 종용>조용' 등이 있다. 그리고 모음의 이화로는 '소곰>소금, ㄱ로>ㄱ르>가루, 보롬>보름, ㄴ로>ㄴ르>나루, ㅎ로>ㅎ루>하루, 처섬>처엄>처음, 거우르>거울, 서르>서로' 등을 들 수 있다.

(11) 강화

발음을 뚜렷이 하기 위해 음운을 바꾸는 현상으로 평음을 강음으로 하거나 모음조화를 파괴함으로써 일종의 발음을 강화시키는 현상이다. 이런 청각인상을 강화하려는 작용에는 평음을 경음으로 하는 경음화 현상(곳>꽃, 불휘>뿌리)과 평음을 격음으로 하는 격음화 현상(갈>칼, 고>코), 모음의 발음을 강화하려는 이화현상(서르>서로, 펴어>펴아), 음운 첨가(호자>혼자)나 음절 첨가(마>장마, 앗다>빼앗다) 등을 통틀어 강화현상이라 한다.

(12) 첨가

발음을 보다 분명히 하기 위해 음운이나 음절을 덧붙이는 현상으로 어두음 첨가, 어중음 첨가, 어말음 첨가 등이 있다. 어두 음절 첨가로 '마>장마, 보>들보', 어중음 첨가로 '호자>혼자, ᄀ초다>곰초다>감추다, 머추다>멈추다, 졈다>젊다, 넙다>넓다, 머추다>멈추다, 마초다>맞초다>맞추다, 나싀>나이>냉이, 죠희>종이, 쇠야지>쇼아지>숑아지>송아지, 더디다>던디다>던지다, 버버리>버벌리>버워리>벙어리, ᄒ아>ᄒ야', 그리고 어말음 첨가로 '싸>땅, 긷>기동>기둥' 등이 있다.

(13) 도치

한 형태소 안의 두 음운이 서로 자리를 바꾸는 현상으로 음운의 도치와 음절의 도치가 있다. 음운의 도치는 자음의 'ㄱ'과 'ㅂ, ㄹ'이, 'ㅈ'과 'ㄴ'이 서로 바뀌고, 모음의 'ㅏ'와 'ㅗ'가 발음의 혼동으로 뒤

바뀜으로 어형이 바뀌는 경우이다. 예를 들면 자음의 '빗복>빗곱>배꼽, 이륵이륵>이글이글, ᄌ늑ᄌ늑>느즉느즉'과 모음의 '아야로시>애야로시>애오라지, 하야로비>해야로비>해오라기' 등을 들 수 있다. 음절의 도치는 선어말어미의 순서가 뒤바뀜으로 '-거시-, -더시-'가 '-시더-, -시거-'로 바뀌는 현상으로 오늘날에는 '-시-'가 앞에 온다. '하거시늘>ᄒᆞ시거늘, ᄒᆞ더시니>하시더니, 어이어신마ᄅᆞᄂᆞᆫ>어이시건마는', '시혹>혹시'의 경우를 들 수 있다.

(14) 'ㄱ' 탈락 현상

'ㄱ' 탈락은 'ㅣ'나 'ㄹ'음 아래서 탈락하는 현상이지만, 실제로는 탈락이 아니라 유성음 'ㄱ[g]'이 자음(후음)인 'ㅇ[ɦ]'으로 바뀐 것이다. 그러다가 16세기 말에 'ㅇ[ɦ]' 음가가 소멸되어 탈락한 것으로 본다.[80]

아바님도 어이<u>어</u>신마ᄅᆞᄂᆞᆫ <사모곡>

果實<u>와</u> 믈<u>와</u> 좌시고 <월인천강지곡>

(15) 'ㄹ' 탈락 현상

'ㄹ'이 탈락되는 현상은 '놀니>노니, 놀시오>노시오'에서처럼 'ㄹ'음이 있으면 오히려 발음이 자연스럽지 못하다. 따라서 'ㄹ'음이

---

[80] 尹錫昌 외(1973:540)에서는 서술격조사 '이' 아래에서, 형용사 '아니다'의 '-니' 아래에서, 타동사 '디다'의 '디-' 아래에서, 미래의 '-리' 아래에서, 명사나 용언의 어간이 'ㄹ'로 끝난 경우에 'ㄱ'이 탈락한다고 했다.

'ㄴ'이나 'ㅅ', 'ㄷ' 앞에서 탈락한다.[81] 그리고 17세기에는 '앒>앞, 앓ᄫᅵ다>알ᄑᆞ다>아ᄑᆞ다>아프다,   곯ᄫᅵ다>골ᄑᆞ다>고ᄑᆞ다>고프다'에서처럼 'ㅍ' 아래에서도 탈락했다.

　
놀다(遊)+니다(行)>놀니다>노니다
솔나모>소나모
우믓룡(<우믌룡)이 내손모글 주여이다 <쌍화점>
날은 엇디 기돗던고(<길돗던고) <사미인곡>
스믈 여듧字를 ᄆᆡᆼᄀᆞ노니(<ᄆᆡᆼᄀᆞᆯ노니) <훈민정음 언해>

(16) 매개모음
　어간과 어미가 연결될 경우, 자음과 자음 사이에 발음을 부드럽게 하기 위해서 그 사이에 '-ᄋᆞ-, -으-' 음을 넣는 것으로 일종의 자음충돌의 회피현상이다. 오늘날에는 '-으-'로 통일되었다.

①　양성모음의 경우 : '-ᄋᆞ-'
海東六龍이 ᄂᆞᄅᆞ샤(늘ᄋᆞ샤) <용비어천가>
君ㄷ字 처엄 펴아 나ᄂᆞ 소리 ᄀᆞᇀ니(ᄀᆞᇀᄋᆞ니) <훈민정음>
들하 노피곰 도ᄃᆞ샤(돋ᄋᆞ샤) <정읍사>

81　'우믈+ㅅ+룡>우믓룡(우물의 용)', '길+돗(느낌의 현재형)+던고>기돗던고
　　(길던고), ᄆᆡᆼ+ᄀᆞᆯ+ᄂᆞ+오+니>ᄆᆡᆼᄀᆞᆯ노니>ᄆᆡᆼᄀᆞ노니(만드니)' 등.

② 음성모음의 경우 : '-으-'

낟ᄀ티 들리도 업스니이다(없으니이다) <악장가사, 사모곡>

敬天勤民ᄒ샤사 더욱 구드시리이다(굳으시리이다)

<용비어천가 125>

(17) 모음간 자음 탈락

15세기에 모음의 두 형태소가 결합하면서 'ㄹ'음과 'ㅎ'음이 탈락되었다. 예를 들면 '누리>뉘(세상), 나리>내(川)', '가히>가이>개(犬), 막다히>막다이>막대' 등을 들 수 있다.[82] 그리고 16세기에는 '이어긔>여기, 뎌어긔>뎌기>저기, 구드시니이다>구드시니다'처럼 초성의 'ㅇ'이 탈락했다.

(18) 유음화 현상

'ㄷ'이 모음 사이에서 유성음화되어 'ㄹ'로 바뀌는 현상으로 '츠뎨>츠례[次弟], 낟악>나락[穀], 듣으니>들으니[聞], 걷어>걸어[步]' 등을 들 수 있으며, 'ᄒ리도소니>ᄒ리로소니, ᄒ리더니>ᄒ리러니'처럼 미래시제 선어말어미의 '-리-' 아래에서도 일어났다.

---

82 중세국어에서는 'ㅐ, ㅔ, ㅚ, ㅟ'가 이중모음이었다. 즉 'ㅏ+ㅣ[j], ㅓ+ㅣ[j], ㅗ+ㅣ[j], ㅜ+ㅣ[j]' 등처럼 '단모음+반모음'의 하향이중모음이다. 현대국어에서는 'ㅐ, ㅔ, ㅚ, ㅟ'가 단모음이므로 '단모음(ㅏ, ㅓ, ㅗ, ㅜ)+단모음(ㅣ) → 단모음(ㅐ, ㅔ, ㅚ, ㅟ)' 형식이다. 예를 들어 '아이→애, 사이→새, 서이→세, 터이니→테니, 보이다→뵈다, 조이다→죄다, 오누이→오뉘' 등을 들 수 있다.

(19) 유추

  음운의 변동에 있어서 유추는 성격이 비슷한 말에서 공통의 유형
을 찾아, 이와 비슷한 다른 말을 공통된 유형에 맞추어 일치시키려는
심리적 현상에서 어형이 변화하는 것이다. 즉, 기억의 편리를 위하여
혼란된 어형을 어떤 유사한 기준형으로 통일시키려는 현상이다. '서
르〉서로(부사 '-오'의 형태), 사올〉사홀〉사흘(잇흘, 열흘의 '-흘'), 아
호〉아홉(닐굽, 여듧의 '-ㅂ'), 마순〉마은〉마흔(설흔의 '-흔'), 처섬〉
처엄〉처음(어름, 믿븜의 '-음') 등을 들 수 있다.

(20) 오분석

  오분석은 말의 형태를 잘못 분석함으로써 어형이 바뀌는 것을 말
한다. 즉, 오늘날의 '같다'는 중세국어에서 'ᄀᆞᆮᄒᆞ다(如)'였으나, 표음
적 표기로 'ᄀᆞ튼다'라고 표기했는데, 후대의 사람들이 어형을 잘못
이해하여 'ᄀᆞᇀ+ᄋᆞ다'로 생각했기 때문에 'ᄀᆞᇀ다→같다'로 변천했다.
원래 '풀(蠅)+이'(주격) 형태를 표음표기하면 '프리(파리가)'가 된
다. 이 경우 '프리'를 단독 어형으로 보고 '프리+제로주격'으로 잘못
분석하여 '프리→파리'로 표기한 것이다. 역시 '갖(枝)+이'(주격)의

형태를 표음표기한 '가지(가지가)'를 단독 어형으로 보고, '가지+제로주격'으로 오분석하여 '가지'로 표기한 것이다.

제7장

한국어의 변별적 자질

한국어 말소리의 이해

앞에서 개략적으로 설명한 음성에 관한 전통적인 체계는 음운론을 이해하는 데 기초가 되며 또한 필요한 것이다. 그러나 음운규칙을 공식화함에 있어서는 말소리에 관하여 다른 방법으로 설명하는 것이 때로는 더 효과적일 경우가 있다. 언어학자들은 분절음을 음성기호가 실제 그대로 나타나는 최소 음성단위로 기술하지 않고, 말소리의 속성이나 자질의 복합체로 기술한다. 이른바 변별자질로 나타내 보인다.

7.1. 변별자질의 개념과 양분자질법

음운론에서 말하는 변별자질이란, 어떤 음성요소가 다른 음성요소로부터 구별하는 데 필요한 음운상의 특징을 말한다. 다시 말하면, 한 음성형식을 단지 그것만의 차이에 의하여 다른 음성형식과 구별시켜 주는 음운적 특성을 변별자질(distinctive feature) 혹은 시차적(示差的) 특성이라 한다. 가령 국어의 /ㅌ/을 /ㄷ/과 구별시켜 주는 [유기성=거센성]이나, /ㅁ/을 /ㅂ/과 구별시켜 주는 [비음성=콧소리성] 등이 이에 속한다. 변별자질은 말소리를 산출하는 동안의 성도(聲道)에서 동시적 조음활동의 하나를 기술한다. 즉 음성특성을 가리키는 조음자질(articulatory feature)을 기술한다. 음성이 입술에서 조음된 소리(순음)이거나, 연구개를 올려서 내는 소리(구강음)이거나, 성대 진동을 동반하여 만들어지는 소리(유성음)이거나, 또는 성도의 어느 위치에서 기류를 차단했다 내는 소리(폐쇄음)일 수도 있다.

조음자질은 음성부류가 가지고 있는 고유한 성질을 의미한다. 그 자질 중에는 완전히 독립적인 것도 있고, 반면에 상호관련된 것도 있다. 특히 주의해야 할 것은 후자의 경우(예컨대, 유성음과 무성음, 비음과 구강음 등), '유성'이라는 자질을 가진 [b]에 대하여 [p]가 '무성'이라고 할 경우 [p]가 단지 [+무성]이라는 자질을 가지고 있다는 사실뿐만 아니라 [유성]이라는 자질을 가지고 있지 않음(즉, [-유성])을 암시하고 있는 것이다. 마찬가지로 [비음]인 [m]에 대하여 [b]가 [구강음]이라고 하는 것은, 결국 [b]가 [-비음]이라는 사실을 의미하는 것이다. 유성과 무성, 비음과 구강음은 각각 서로 대(對)를 이루어 한쪽이 긍정이면 반드시 다른 한쪽이 부정이 된다. 어떤 음이 [무성]이면 결국 그 음이 유성이 아니라는 [-유성]이 된다. 그리하여 이들 짝이 되는 자질을 각각 단일한 항목에 모아, 그 항목이 나타내는 특징 쪽을 플러스(+), 이와 상대되는 특징 쪽을 마이너스(-)로 표시한다.

이와 같이 변별자질을 단지 두 개(+, -) 중 어느 하나만을 갖도록 양분하는 이치적(二値的) 방식을 양분자질법(binary feature system, 兩分資質法)이라 한다. 유성음인 [b]는 [+유성], 무성음인 [p]는 [-유성]으로 기록한다. 마찬가지로 [m]은 [+비음], [b]는 [-비음]으로 기술한다. 변별자질과 그 소리값은 일반적으로 음성기호처럼 꺾쇠묶음 [ ]으로 표시한다.

7.2. 주요 변별자질

변별자질의 이점은 음운학자들이 오랫동안 알고 있었던 사실을 논하는데 편리한 방법을 제공해 준 점이다. 즉, 말소리는 그것이 지닌 속성 중 어느 것이 고려되었는가에 따라 여러 가지 다른 방법으로 서로 묶어 군집을 이룰 수 있다는 것이다. 예를 들면, 앞에서 보인 바와 같이 두 입술에서 만들어진 [p, b, m] 등을 [+순음]이라는 하나의 변별자질로 묶을 수 있는 점이 그 한 예다. 또한 변별자질을 사용하지 않고 각각의 분절음을 써서 음운현상을 기술하려면 여러 개의 규칙을 각각 기술해야 되는 번거로움이 있다. 그러나 변별자질을 사용하여 기술하면 그 규칙을 간단 명료하게 나타낼 수 있다. 예를 들면 국어의 유성음화 규칙 "무성음 [p, t, k]는 유성음 사이에서 각각 유성 폐쇄음 [b, d, g]로 발음된다"를 변별자질을 사용하지 않고 기술하면 다음 (1)과 같이 된다.

> (1) p→b / [+유성]_____[+유성] 바보[pabo]
>
> t→d / [+유성]_____[+유성] 다도[tado]
>
> k→g / [+유성]_____[+유성] 고기[kogi]

이와 같이, 적어도 3개의 규칙을 필요로 한다. 그러나 변별자질을 사용하면 다음의 (2)와 같이 간명하게 기술된다.

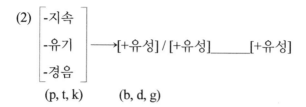

(2)
$$\begin{bmatrix} -지속 \\ -유기 \\ -경음 \end{bmatrix} \longrightarrow [+유성] \,/\, [+유성]\underline{\quad\quad}[+유성]$$

(p, t, k)　　　　(b, d, g)

　세 개의 변별자질, 즉 자음성, 공명성, 성절성은 주요한 음성부류를 산출하는 데 상호작용을 한다. 첫째, [자음성]이라는 자질은 자음과 모음을 구별하기 위하여 사용한다. [+자음성]은 모음과 반모음으로부터 자음을 변별한다. [-자음성]은 모음을 비롯하여 반모음 등을 가리킨다. 둘째, [+공명성]은 모음, 반모음, 비음, 설측음, r-음 등을 가리킨다. 폐쇄음, 마찰음, 파찰음 등은 [-공명성]이다. 모음과 반모음은 [+공명성]과 [-자음성]이다. 세 번째 자질인 [성절성]은 음절을 이루는 데 중심이 되는 분절음을 말하며, 모음은 [+성절성]이고 그 밖의 음은 [-성절성]이다. 그러나 영어나 일본어 등에서는 자음이 [+성절성]이 되는 경우도 있다.

　[자음성]과 [성절성]이라는 두 자질을 사용하여 제시하면 다음과 같다.

　　[+자음성, -성절성]　p, t, k, b, d, g 등과 같은 자음
　　[-자음성, +성절성]　a, e, i, o, u 등과 같은 모음
　　[-자음성, -성절성]　j, w, ɥ 등과 같은 반모음[83]

---

83 반모음은 [-자음]이지만 성절성을 갖지 못한다.

이에 [자음성]과 [성절성]이라는 두 자질은 네 가지 음성부류를 구별하는 구실을 한다.

[-자음성, +성절성] 모음
[+자음성, +성절성] 성절자음[84]
[+자음성, -성절성] 자음
[-자음성, -성절성] 반모음

주요 변별자질인 [자음성], [성절성], [공명성]으로 음성부류의 관계를 제시하면 다음과 같다.

	자음성	공명성	성절성
유음, 비음	+	+	−
저지음	+	−	−
모음	−	+	+
과도음(반모음)	−	+	−

다음으로 자음의 고위성(high, 高位性)과 후위성(back, 後位性)에 대해 살펴보면 경구개음과 연구개음은 설체를 들어 올리므로 [+고위성]이며, 반면에 양순음이나 치조음은 [-고위성]이다. 그리고 연구개음과 성문음은 혀 뒤쪽이므로 [+후위성]이고, 순음, 치조음, 경구개음은 [-후위성]이다.

---

84 한국어에는 음절을 만드는 핵심은 모음만 되므로 성절 자음이 없다.

또한 설정성(coronal, 舌頂性)은 혀끝이나 혀의 앞부분을 들어 올려서 조음되는 소리이기 때문에 치조음이나 경구개음을 포함한다. 반면에 양순음, 연구개음, 성문음은 설정성에서 제외된다. 전방성(anterior, 前方性)은 치조음 부근에서 이루어지므로 양순음과 치조음은 전방성에 포함되지만 경구개음, 연구개음, 성문음은 전방성에 해당되지 않는다. 이에 고위성, 후위성, 설정성, 전방성에 대한 조음위치의 자질을 정리하면 다음과 같다.

‖ 조음위치 자질 ‖

	고위성	후위성	설정성	전방성
양순음	−	−	−	+
치조음	−	−	+	+
경구개음	+	−	+	−
연구개음	+	+	−	−
성문음	−	+	−	−

앞에서 제시한 자음의 주요 변별자질 및 조음위치에 따른 자질을 근거로 한국어 자음의 변별자질을 구체적으로 제시하면 다음과 같다.

	p	pʰ	p'	b	t	tʰ	t'	d	k	kʰ	k'	g
공명성	−	−	−	−	−	−	−	−	−	−	−	−
저지성	+	+	+	+	+	+	+	+	+	+	+	+
지속성												
비음성	−	−	−	−	−	−	−	−	−	−	−	−
조찰성												
후위성	−	−	−	−	−	−	−	−	+	+	+	+
전방성	+	+	+	+	+	+	+	+	−	−	−	−
설정성	−	−	−	−	+	+	+	+	−	−	−	−
고위성	−	−	−	−	−	−	−	−	+	+	+	+
유기성	−	+	−	−	−	+	−	−	−	+	−	−
경음성	−	−	+	−	−	−	+	−	−	−	+	−
유성성				+				+				+

	s	s'	č	čʰ	č'	ɟ	h	m	n	ŋ	l	j	w
공명성	−	−	−	−	−	−	−	+	+	+	+	+	+
저지성	+	+	+	+	+	+	+	−	−	−	−	−	−
지속성	+	+	+	+	+	+	+	+	+	+	+	+	+
비음성	−	−	−	−	−	−	−	+	+	+	−	−	−
조찰성	+	+	+	+	+	+	+	−	−	−	−	−	−
후위성	−	−	−	−	−	+	−	−	−	+	−	−	+
전방성	+	+	−	−	−	−	−	+	+	−	+	−	−
설정성	−	−	+	+	+	+	−	−	+	−	+	+	−
고위성	−	−	+	+	+	+	−	−	−	+	−	+	+
유기성	−	−	−	+	−	−	−	−	−	−	−	−	−
경음성	−	+	−	−	+	−	−	−	−	−	−	−	−
유성성						+		+	+	+	+	+	+

모음은 혀의 높낮이에 따라 고모음([i, ɯ, u]) 중모음([e, ɛ, ə, o, ʌ]), 저모음([a])으로 분류하고, 혀의 앞뒤에 따라 전설모음([i, e, ɛ, ö]), 중설모음([ɨ, ə, a]), 후설모음([ɯ, u, o, ʌ])으로 구분한다.[85] 중모음보다 높은 위치에 있는 고모음은 [+고위성, -저위성], 중모음보다 낮은 위치에 있는 저모음은 [-고위성, +저위성]이 된다. 그리고 중모음은 [-고위성, -저위성]이 된다. 혀의 전후에 따른 전설모음은 [+전위성, -후위성]이 되고, 후설모음은 [-전위성, +후위성]이 된다. 그리고 중설모음은 [-전위성, -후위성]을 나타낸다. 다음으로 입술의 원순성에 따라 원순모음([u, o, y, ö])과 평순모음([i, e, ɛ, ə, a, ɯ, ʌ])으로 나뉜다. 이에 국어 모음의 변별자질 명세를 보이면 다음과 같다.

❚ 한국어 모음의 변별자질 명세 ❚

	i	e	ɛ	ö	ə	a	ɯ	u	o	ʌ	y
고위성	+	−	−	−	−	−	+	+	−	−	+
저위성	−	−	−	−	−	+	−	−	−	−	−
전위성	+	+	+	+	−	−	−	−	−	−	+
후위성	−	−	−	−	−	−	+	+	+	+	−
원순성	−	−	−	+	−	−	−	+	+	−	+

---

85 모음 'ㅡ'는 중설에서 나는 경우는 'ɨ'이고, 후설에서 나는 경우는 [ɯ]이다. 그리고 'ㅓ'는 중설에서 나는 경우는 'ə'이고, 후설에서 나는 경우는 [ʌ]이다.

7.3. 변별자질과 한국어 동화 과정

한 형태소가 다른 형태소와 결합할 때, 형태소의 음운이 조건에 따라 다른 음운으로 바뀌는 현상을 음운 규칙이라 한다. 음운 변화 현상은 발음하는 데 편하게 발음하려는 속성을 가진다. 음운 과정에서 보편적인 자연과정은 연접하는 두 음소 사이에서 어느 한쪽이 다른 쪽의 영향을 받아 그와 동일하거나 유사한 성질을 갖게 되는 음운 동화 과정이다. 음운 과정에서 가장 보편적인 자연과정은 두 음소 사이에서 한쪽 음소가 다른 것의 영향을 받아 그와 같거나 유사한 성질을 갖게 되는 동화 작용이다. 즉 동화(assimilation, 同化)란 한 소리가 다른 소리의 영향을 받아 그 본래의 소리값을 잃어버리고 영향을 준 소리와 같이 변동하거나 혹은 같은 성질의 소리로 닮는 소리의 변동을 말한다.[86] 한국어의 동화 과정은 대체로 저지음에서 공명음으로 발음하려는 속성을 갖는다. 이는 성도의 공기 흐름을 저지하는 폐쇄음 계열의 음에서 공기의 흐름이 차단되거나 좁혀져 저지당하지 않는 음으로 자연스럽게 발음하려는 속성을 갖는다.

이러한 음운 동화 과정은 그 분류의 기준에 따라 몇 가지 유형으로 나뉠 수 있는데 우선 동화음과 그 조건에 따라 자음과 자음 간의 동화인 자음동화, 모음과 모음 간의 동화인 모음동화, 그리고 자음과 모음 사이에 일어나는 동화가 있다. 자음과 자음 간에 일어나는 자음동화에는 비음동화와 설측음동화가 있다. 이는 자음 중 공명음이 'ㅁ,

---

86 이철수(1997:133) 참조.

ㄴ, ㅇ, ㄹ'로 이 중 비음(ㅁ, ㄴ, ㅇ)과 설측음(ㄹ)으로 나뉘어지기 때문이다. 그리고 모음과 모음 사이에 일어나는 동화에는 모음조화와 ㅣ모음 동화가 있다. 모음조화는 '졸졸-줄줄, 깜깜-껌껌, 잡아-접어' 등 선행 음절 모음의 양성과 음성 자질에 따른 순행동화의 일종이다. 그리고 ㅣ모음 동화는 '남비→냄비, 수수꺼끼→수수께끼' 등과 같은 역행동화와 '피어→피여, 되어→되여, 이오→이요, 아니오→아니요' 등 순행동화가 있다. 또한 자음 모음 간의 동화에는 구개음화와 'ㄷ, ㅂ' 불규칙 현상이 있다.[87]

7.3.1. 자음동화

한국어의 자음 19개 중 공명음은 'ㅁ, ㄴ, ㅇ, ㄹ' 4개이다. 이중 비음성[+자음성, -성절성, +공명성, -유음성]의 공통적인 자질을 갖는 음소는 'ㅁ, ㄴ, ㅇ' 3개이다. 그리고 'ㄹ'은 유음으로 설측성의 자질을 갖는다.

1) 비음동화

[+평음 폐쇄음] → [+비음] / _____ [+비음]
[-공명, -지속, -경음, -유기] → [+공명, +비음] / [+공명, +비음]

---

[87] 'ㄷ'불규칙은 '걷어→걸어, 듣어→들어' 등의 예를 들 수 있고, 'ㅂ'불규칙은 '곱아→고와, 덥어→더워' 등의 예를 들 수 있다. 이를 간극동화라고도 한다.

(1) 자음동화의 대부분은 비음동화로 이루어지는데, 가장 일반적
인 비음동화는 평음 계열의 폐쇄음이 비음의 영향을 받아 비음
으로 변하는 것이다. 즉 'ㅂ(ㅍ, ㄼ, ㄿ, ㅄ), ㄷ(ㅌ, ㅅ, ㅆ, ㅈ,
ㅊ, ㅎ), ㄱ(ㅋ, ㄲ, ㄳ, ㄺ)'의 받침이 뒤의 음절 초성(어두)에
오는 'ㅁ'이나 'ㄴ'의 영향을 받아 [ㅁ, ㄴ, ㅇ]으로 바뀌는 음운
현상이다.[88]

① ㅂ[p] → ㅁ[m] /_____ [+비음]

　밥물 → [밤물]　　　　　잡는 → [잠는]

　앞문 → [압문] → [암문]　밟는 → [밥는] → [밤는]

　읊는 → [읍는] → [음는]　없는 → [업는] → [엄는]

② ㄷ[t] → ㄴ[n] /_____ [+비음]

　닫는 → [단는]　　　　　낱말 → [낟말] → [난말]

　붓는 → [붇는] → [분는]　있는 → [읻는] → [인는]

　낮만 → [낟만] → [난만]　빛나다 → [빋나다] → [빈나다]

　놓는 → [녿는] → [논는]

③ ㄱ[k] → ㅇ[ŋ] /_____ [+비음]

　국민 → [궁민]　　　　　부엌문 → [부억문] → [부엉문]

깎는 → [깍는] → [깡는]　　　긁는다 → [극는다] → [긍는다]

(2) 바음동화의 또 다른 조건은 공명음인 'ㄹ'이 [ㄴ]으로 발음된
　　다. 즉 받침 'ㅁ, ㅇ' 뒤에 연결되는 'ㄹ'은 [ㄴ]으로 발음한다.

　　① ㄹ[r] → ㄴ[n] / ㅁ[m] _____
　　　침략 → [침냑]　　　　　담력 → [담녁]
　　　감리교 → [감니교]

　　② ㄹ[r] → ㄴ[n] / ㅇ[ŋ] _____
　　　강릉 → [강능]　　　　　종로 → [종노]
　　　대통령 → [대통녕]

(3) 그리고 받침 'ㅂ, ㄱ, ㅊ' 뒤에 연결되는 'ㄹ'도 [ㄴ]으로 발음한다.

　　① ㄹ[r] → ㄴ[n] / ㅂ[p] _____
　　　협력 → [협녁] → [혐녁]　　십리 → [십니] → [심니]

　　② ㄹ[r] → ㄴ[n] / ㄱ[k] _____
　　　막론 → [막논] → [망논]　　백리 → [백니] → [뱅니]

　　③ ㄹ[r] → ㄴ[n] / ㄷ[t] _____
　　　몇 리 → [멷리] → [멷니] → [면니]

(4) 'ㄴ'은 'ㄹ'의 앞이나 뒤에서 [ㄹ]로 발음되지만 다음과 같은 단
어들은 'ㄹ'을 [ㄴ]으로 발음한다.[89]

ㄹ[r] → ㄴ[n] / ㄴ[n] _____

음운론 → [음운논]   생산량 → [생산냥]

이원론 → [이원논]   상견례 → [상견녜]

입원료 → [입원뇨]   공권력 → [공꿘녁]

임진란 → [임진난]   의견란 → [의견난]

결단력 → [결딴녁]   동원령 → [동원녕]

2) 유음동화

[+비음 ㄴ] → [+유음] / [+유음]_____

[+비음 ㄴ] → [+유음] / _____[+유음]

[+공명, +지속, +비음, +전방, +설정] → [+공명, +지속, -비음, +
전방, +설정] / [+공명, +지속, -비음, +전방, +설정]

(1) 한국어의 자음 중 발음하기 쉬운 공명음은 비음(ㅁ, ㄴ, ㅇ) 외
에 유음인 'ㄹ'이 있다. 'ㄴ'은 'ㄹ'의 앞이나 뒤에서 [ㄹ]로 발음
되는데 이를 유음동화라 한다.

_____

[89] 표준발음법 제20항 [붙임] 참조.

① ㄴ[n] → ㄹ[l]/ㄹ[ㅣ] _____

   칼날→[칼랄]   물난리→[물랄리]

   줄넘기→[줄럼끼]

② ㄴ[n] → ㄹ[l]/_____ㄹ[ㅣ]

   신라→[실라]   난로→[날로]

   천리→[철리]   대관령→[대괄령]

(2) 첫소리 'ㄴ'이 'ㅀ[ㄹ]', 'ㄾ[ㄹ]' 뒤에 연결되면 [ㄹ]로 발음한다.

   ㄴ[n]→ㄹ[l]/ㄹ[ㅣ] _____

   닳는→[달는]→[달른]   뚫는→[뚤른]→[뚤른]

   핥는→[할는]→[할른]

7.3.2. 구개음화

치조 폐쇄음 'ㄷ, ㅌ'이 '이[i]'모음이나 반모음 'ㅣ[j]' 앞에서 경구개음 'ㅈ, ㅊ'으로 바뀐다는 것을 변별자질로 제시하면 아래와 같다.

   ㄷ[t] → ㅈ[ʨ]/_____ [i, j]

   ㅌ[tʰ] → ㅊ[ʨʰ]/_____ [i, j]

   [+저지, -조찰, +전방, +설정, -경음]→[+저지, +조찰, -지속, +고위,

   +설정, -경음]/_____ [-후위, +고위, -원순]

‘ㄷ, ㅌ’의 변별자질을 설정하려면 우선 조음방법으로 폐쇄음이므로 [+자음, +저지, -조찰]의 변별자질을 갖는다. 그리고 치조음이므로 [+전방, +설정]의 변별자질을 갖고, ‘ㄷ, ㅌ’이므로 [-경음]이어야 한다. ‘ㅈ, ㅊ’의 변별자질은 조음방법으로는 파찰음이므로 [+자음, +저지, +조찰, -지속]이어야 하고, 경구개음이므로 [+설정, +고위]이어야 한다. 그리고 ‘ㅈ, ㅊ’이므로 [-경음]의 변별자질을 갖는다. (전방성)은 잉여자질로 설정하지 않아도 된다.

(1) ㄷ[t] → ㅈ[č] / _____ [i]⁹⁰

    굳이 → [구디] → [구지]   해돋이 → [해도디] → [해도지]

    맏이 → [마디] → [마지]   미닫이 → [미다디] → [미다지]

(2) ㅌ[tʰ] → ㅊ[čʰ] / _____ [i, j]

    밭이 → [바티] → [바치]   붙여 → [부텨] → [부쳐 → 부처]

(3) ‘ㄷ’의 뒤에 형식 형태소 ‘히’가 오면, 먼저 ‘ㄷ’과 ‘ㅎ’이 결합하여 ‘ㅌ’이 된 다음, ‘ㅌ’이 구개음화하여 ‘ㅊ’이 된다.

    굳히다 → [구티다] → [구치다]

    닫히어(닫혀) → [다텨→다쳐 → 다처]

---

90 현대 한국어에서는 ‘ㄷ’이 ‘ㅈ’으로 바뀌는 구개음화 현상은 ㅣ[i] 모음 앞에서만 가능하다. 근대국어에서는 ‘디다 → 지다, 둏다 → 좋다’, ‘뎔 → 절(절)’ 등에서처럼 ㅣ[i] 모음과 반모음 [j] 앞에서도 일어났다.

(4) 기타 구개음화

음운상 치조폐쇄음 'ㄷ, ㅌ'이 경구개음 'ㅈ, ㅊ'으로 바뀌는 현상을 구개음화라고 한다. 이외에도 치조마찰음, 치조비음, 치조설측음에도 구개음이 있다.

① 마찰음 구개음화

ㅅ[s] → ㅅ[ʃ] / __ [i, j] 시, 실, 쇼

ㅆ[s'] → ㅆ[ʃ]' __ [i] 씨

ㅎ[h] → ㅅ[ʃ] __ [i, j] 힘→심, 형님→성님→성님

[-공명, +지속, +조찰, +설정, +전방] → [+지속, +조찰, +설정, +고위] /_____ [-자음, +고위, -후위, -원순]

치조음 'ㅅ'[s]과 'ㅆ'[s']이 전설고모음 이[i]나 경구개 반모음 ㅣ[j] 앞에서 경구개음 [ʃ]와 [ʃ]로 바뀌는 음운 현상을 말한다. 그러나 '힘→심, 형님→성님'처럼 'ㅎ'[h]이 'ㅅ'[ʃ] 으로 바뀌는 것은 수의적인 것으로 방언에서 일어나는 것이므로 표준어로 인정하지 않는다.

② 통비음 구개음화

ㄴ[n] → ㄴ[ɲ] / __[i] 어머니, 주머니

__ [j] 소녀, 소년

[+공명, +비음, +설정, +전방] → [+공명, +비음, +설정, +고위] /_____ [-자음, +고위, -후위, -원순]

치조음 'ㄴ'[n]이 전설고모음 이[i]나 경구개 반모음 [j] 앞에서 경구개음 [ɲ]으로 바뀌는 음운 현상을 말한다. '나라, 노래, 무늬' 등에서는 치조음 [n]으로 발음되지만 '어머니, 주머니, 소녀, 소년' 등에서는 경우개음 [ɲ]으로 발음된다.

③ 설측음 구개음화

ㅣ → ʎ/[설측] __ i]　날리다, 달리다

　　　　　　 __[j]　달력

[+공명, -비음, +설정, +전방] → [+공명, -비음, +설정, +고위] /

　　　　　　_____ [-자음, +고위, -후위, -원순]

치조음 'ㄹ'[l]이 전설고모음 이[i]나 경구개 반모음 [j] 앞에서 경구개음 [ʎ]으로 바뀌는 음운 현상을 말한다. '칼날[칼랄], 신라[실라]' 등에서는 치조음 [l]로 발음되지만 '달리다, 날리다, 달력, 서울역[서울력]' 등에서는 경우개음 [ʎ]으로 발음된다.

7.3.3. 모음동화

모음동화는 모음과 모음 간에 일어나는 동화 현상으로 'ㅏ, ㅓ, ㅗ, ㅜ'가 'ㅣ'모음의 영향으로 'ㅐ, ㅔ, ㅚ, ㅟ' 등으로 변하는 현상('ㅣ'모음 역행동화)을 말한다. 이들 발음은 대부분 표준어로 인정하지 않는다.[91]

---

91 '냄비, 멋쟁이, 올챙이, 신출내기, 수수께끼' 등은 'ㅣ'모음 역행동화로 굳어

(1) ㅏ[a][-전위성, -후위성, +저위성, -원순성] → ㅐ[ɛ][+전위성, -저위성, -원순성]

아비 → [애비],   남비 → [냄비],
창피 → [챙피],   올창이 → [올챙이],
아지랑이 → [아지랭이],   손잡이 → [손재비],
시골나기 → [시골내기]

(2) ㅓ[ə, ʌ][-전위성, -저위성, -원순성] → ㅔ[e][+전위성, -저위성, -원순성]

어미 → [에미]   수수꺼끼 → [수수께끼]
먹이다 → [메기다]   먹히다 → [멕히다 → 메키다]

(3) ㅗ[o][-고위성, +후위성, +원순성] → ㅚ[ö][-고위성, +전위성 + 원순성]

고기 → [괴기]   조이다 → [죄이다]

(4) ㅜ[u][+고위성, +후위성, +원순성] → ㅟ[y][+고위성, +전위성 + 원순성]

_____
져 표준어로 인정된 것이다.

누이다 → [뉘이다]　　　　죽이다 → [쥑이다 → 쥐기다]

(5) ㅡ[ɯ][+고위성, +후위성, -원순성] → ㅣ[i][+고위성, +전위성, -원순성]

뜯기다 → [띧끼다]

한편, 'ㅣ' 뒤에 'ㅓ, ㅗ'가 오면 'ㅣ' 모음의 영향으로 'ㅕ, ㅛ'로 바뀌는 경우가 있다('ㅣ'모음 순행동화). 다만 '되어, 피어, 이오, 아니오'의 경우는 [어]와 [오]로 발음하는 것을 원칙으로 하되, [여]와 [요]로 발음하는 것도 허용한다.

드디어 → [드디여]　　　　끼어 → [끼여]
미시오 → [미시요]　　　　오시오 → [오시요]
뉘어 → [뉘여]　　　　　　죄어 → [죄여]

7.3.4. 유성음화

저지음이 유성음인 모음과 모음 사이에서, 그리고 공명자음과 모음 사이에서 유성음이 되는 음운 현상이다. 주로 폐쇄음 계열인 'ㅂ[p], ㄷ[t], ㄱ[k], ㅈ[č]'의 무성음이 유성음 'ㅂ[b], ㄷ[d], ㄱ[g], ㅈ[ɟ]'으로 바뀌는 현상이다.

[-공명, -지속, -유성, -경음, -유기] → [+유성] / [+공명] _____ [-
자음]

① '' ㅂ, ㄷ, ㄱ, ㅈ [p, t, k, č]' 등의 자음은[92] 모음과 모음 사이에서 유
성음 '[b, d, g, ɟ]' 로 바뀌는 현상이다. 이는 한국어에서 필수적
이다.

[p, t, k, č] → [+유성] / [-자음] _____ [-자음]
고비[kobi]   바다[pada]
다기[tagi,   고장[koɟaŋ]

② '' ㅂ, ㄷ, ㄱ, ㅈ [p, t, k, č]' 등의 자음은 공명 자음인 'ㅁ, ㄴ, ㅇ, ㄹ'
과 모음 사이에서 유성음 '[b, d, g, ɟ]' 로 바뀐다.

[p, t, k, č] → [+유성] / [+자음, +공명] _____ [-자음]
공방[koŋbaŋ]   말다[malda]
감기[kamgi]   온정[onɟʌŋ]

그러나 이 현상은 반드시 일어나는 것은 아니다. 예를 들어 '물다'
의 명사형 '물기'는 [mulgi]이지만 '축축한 물의 기운'의 '물기'는 [물

---

[92] 자음 중 폐쇄음과 파찰음 'ㅂ, ㄷ, ㄱ, ㅈ'의 변별자질은 [+저지, -지속, -유성,
-유기, -경음]이다.

끼, mulk'i]이다. 또한 '바이러스로 말미암아 걸리는 호흡 계통의 병'인 '감기'는 [kam:gi]이지만 '감다'의 명사형 '감기'는 [감끼, kamk'i]이듯이 공명 자음 'ㄹ, ㅁ'과 모음 사이에 있는 'ㄱ'이 된소리로 날 경우에는 유성음화 현상이 일어나지 않는다.

제8장

한국어의 형태음운론

한국어 말소리의 이해

8.1. 형태의 개념과 분석

8.1.1. 형태의 개념

하나의 형태소가 문맥에 따라 실제 어형으로 나타날 때 그 어형을 형태(morph)라 한다. 다시 말하면 형태는 형식과 의미가 같은 최소의 분절기호를 말한다. 그런데 '의미가 같다'라는 말의 기준은 막연한 것으로 상당한 폭이 있는 말이다. 이에 반하여 '형식이 같다'라는 말은 명료하다. 예를 들면, ear of the corn에서 ear와 '귀'라고 하는 ear, 그리고 foot of mountain에서의 foot와 '발'이라고 하는 foot는, 형태는 같은데 의미는 전혀 다르다. 반면에 [iréjs]와 [iréjz](철자는 erase '삭제하다')는 의미는 같은데 형태가 다르다. books, bags, boxes의 복수를 나타내는 어미 [-s, -z, -iz]는 서로 다른 형식이다. 과거를 나타내는 {-ed}는 [-t, -d, əd]로 바꾼다, 한국어의 {속-}도 분포에 따라 '속, 속만, 속이'[sok, soŋ, sog] 등으로 꼴바꿈하는 일이 있다. {값}의 '값, 값만'[kap, kam], {밭}의 '밭, 밭이, 밭만'[pat, pač, pan] 등을 각각 형태라고 한다.

다시 말하여 하나의 형태소가 문맥에 따라 실제 어형으로 나타날 때 그 어형을 형태라고 할 수 있으나, 그 형태의 어형과 의미가 동일한 최소의 분절기호이어야 한다. 예를 들면, 말(馬)[mal]과 말(言)[ma:l]은 어형은 같지만 의미가 다르기 때문에 동일 형태소가 아니다. "말을 잘 한다"의 '말'과 "말을 잘 탄다"의 '말'은 서로 상이한 형태라고 할 수 있다. 또한 "밥을 먹다"의 '먹-' [mʌk], "밥을 먹는다"의 '먹-'

[mʌŋ], "밥을 먹이다"의 '먹-' [mʌg]은 모두 {먹-}이라는 점에서 동일한 형태소이지만 동일 형태는 아니다. 한 형태소에서 변이한 이형태(allomorph, 異形態)가 된다. 이들은 모두 '먹다'라는 동사의 어간이기 때문에 의미는 같지만 최소 분절기호([mʌk, mʌŋ, mʌg])는 서로 다른 것이다.

8.1.2. 형태의 분석

형태의 분석은 형태소론(morphemics)에서 중요한 구실을 한다. 발화를 분석하여 형태를 형태소로 구분하고, 그 형태소의 목록을 귀납하는 것이 형태소론의 중요한 소임이기 때문이다. 형태분석의 원리는, 그 형태가 서로 같은가 다른가를 식별하는 비교에 있다. 예를 들면 '읽는다'의 형태분석에 있어서 '읽는다, 읽었다, 읽는군; 먹는다, 먹었다, 먹는군'을 비교하면, '읽는다'를 '읽-는-다', '먹었다'를 '먹-었-다'와 같이 세 개의 형태로 분석할 수 있음을 쉽게 알 수 있다. 그러나 다음과 같은 경우는 단순한 비교만으로는 형태분석이 어려운 경우도 있다.

(1) 내(나의)   네(너의)
    해(하여)   돼(되어)
(2) 멥쌀   송아지
    찹쌀   볍씨

(3) 꽃 피다(꽃이 피다),　　　　　밥 먹다(밥을 먹다),
　　학교 가다(학교에 가다)

(1)은 형태소 중복으로 교체형이 한 음소의 경우로서 각 형태로 끊어
지지 않는다. 형태는 한 음소 이상이어야 하므로 그대로 한 형태가 될
수밖에 없다. 이러한 형태를 혼합형태(portmanteau morph)라고 한다.

(2)는 형태 그 자체가 명사로 다른 형태를 수반하지 않은 경우이다.
이와 같이 수반되는 형태가 어떤 형태도 의미도 가지고 있지 않은 경
우이므로 허형태(虛形態, empty morph)라고 한다.

(3)은 형태가 생략된 경우다. 그러나 형태가 비록 영형태(零形態,
zero morph)이지만 의미가 여전하므로 그것은 하나의 형태로서 자유
변이를 이루고 있다. 이와 같은 형태를 영형태(零形態, zero morph)라
하고 그 기호를 ø(fai)로 표시한다.

8.2. 형태소의 개념과 유형

형태소(morpheme)는 의미의 최소단위다. 즉 형태소는 단어보다
더 상세하고 명확한 언어단위로서 더 작은 의미단위로 분석할 수 없
는 최소 의미단위다. 단어와 구절은 형태소로 이루어진다. 하나의 형
태소는 더 이상의 의미단위로 분석할 수 없다. 뜻을 가진 가장 작은
말의 단위인 형태소는 자립성과 실질적인 의미를 기준으로 나눌 수
있다. 홀로 쓰일 수 있음과 없음에 따른 자립성의 여부에 따라 자립

형태소와 다른 말에 의존하여 쓰이는 의존형태소로 분류된다. 또한 형태소가 실제 의미를 지니고 있는 것을 실질형태소라 하고 실질형 태소에 붙어 말과 말 사이의 관계를 형식적으로 표시하는 형태소를 형식형태소라 한다. 형식형태소는 주로 문법적 의미를 나타내 주는 조사나 어미로 말과 말 사이의 관계를 나타내는 것일 수도 있고, 어떤 단어의 품사를 바꾸는 것일 수도 있다. 그리고 단어형성에 참여하는 접사도 형식형태소이다.

(1) 영미가 집에 간다.
(2) 밤에 눈이 조금 왔다.

위의 문장을 형태소로 분류하면, (1)은 '영미가 집-에 가-ㄴ-다', (2)는 '밤-에 눈-이 오-았-다'의 형태소로 분류할 수 있다. 자립성의 여부에 따라 자립형태소인 {영미}, {집} / {밤}, {눈}, {조금}과, 의존형태소 {-가}, {-에}, {가-}, {-ㄴ-}, {-다} / {-에}, {-이}, {오-}, {-았-}, {-다}로 나뉜다.[93] 또한, 의미가 실질적인가 형식적인가에 따라 실질형태소(자립형태소와 용언의 어근을 포함)인 {영미}, {집}, {가-} / {밤}, {눈}, {조금}, {오-}와 형식형태소인 {-가}, {-에}, {-ㄴ-}, {-다} / {-에}, {-이}, {-았-}, {-다}로 분류할 수 있다.[94]

---

[93] 다른 형태소에 붙지 않고도 자유스럽게 독립적으로 사용될 수 있는 형태소를 자립형태소(free morpheme)라 하고, 다른 형태소에 부착되지 않고는 홀로 나타날 수 없는 형태소를 의존형태소(bound morpheme)라 한다.

[94] 형태소 기호는 일반적으로 { } 안에 넣어 표시한다. 예를 들면, '읽기'는 형태소 {읽-}과 {-기}로 이루어진다.

8.3. 이형태

동일한 형태소가 다양한 형태를 갖는다. 예를 들어 '먹다'의 '먹-'의 형태소의 경우 '먹고, 먹는. 먹이다'의 단어에서 형태소는 '먹-'으로 동일하지만 각각의 단어에서 발음되는 형태는 '[mʌkk'o], [mʌŋnɯm], [mʌgida]'에서 '[mʌk], [mʌŋ], [mʌg]' 등 형태가 다르다[95]. 형태가 다른 것을 이형태라 한다. '잡다'의 '잡고[잡꼬], 잡는[잠는], 잡아[자바]'의 경우도 마찬가지이다. '[japk'o], [jamnɯm], [jaba]'에서 '[jap], [jam], [jab]' 등 형태가 다르다. 이러한 이형태는 동일한 형태소 '먹'과 '잡'에 대한 발음상의 이형태이다. 이형태에는 동일한 기능의 문법표지에 따른 이형태도 있다. 예를 들어 '산-이/은/을', '바다-가/는/를'에서처럼 주격(이/가), 주제격(은/는), 목적격(을/를) 등 이형태를 갖는다.

8.3.1. 음운적 조건의 이형태

이형태의 교체가 형태소에 대한 언급 없이 순수한 음성적 근거에서 설명할 수 있을 때 이 교체형을 음운적 조건(phonological condition) 또는 자동적 교체(automatic alternation)라 하고, 동일한 형태소가 상이한 음성환경에 의하여 달라지는 이형태를 음운적 조건의 이형태

---

95 '먹'의 형태소의 이형태 '[mʌk], [mʌŋ], [mʌg]' 중에서 받침 '[k], [ŋ], [g]' 등 각기 다른 음을 이음(異音)이라 한다. '고기'[kogi]의 형태소에서 음운 /ㄱ/의 음은 무성음 [k]와 유성음 [g]로 발음되는데 이를 이음 또는 변이음이라 한다.

(phonological condition allomorph)라고 한다. 이 경우에 기호 ∽를 사용하여 음운적 조건임을 나타낸다.

한국어에서 음운적 조건의 이형태 예를 들면 다음과 같다.

① 주격표지 형태소 {-이∽-가}

바다가, 너가, 학교가 　　　　　{-가} (모음 다음에)

강이, 마음이, 빵이 　　　　　　{-이} (자음 다음에)

② 주제화 표지 형태소 {-는∽-은}

바다는, 너는, 학교는 　　　　　{-는} (모음 다음에}

강은, 마음은, 빵은 　　　　　　{-은} (자음 다음에)

③ 목적격 표지 형태소 {-를∽-을}

바다를, 너를, 학교를 　　　　　{-를} (모음 다음에)

강을, 사랑을, 밥을 　　　　　　{-을} (자음 다음에)

④ 명사형 어미 형태소 {-음∽-ㅁ}

잡음, 먹음, 닮음 　　　　　　　{-음} (자음 다음에)

옴(오다), 잠(자다), 꿈(꾸다) 　　{-ㅁ} (모음 다음에)

⑤ 관형사형 어미 형태소 {-은∽-ㄴ}

잡은 (고기), 닮은 (문), 먹은 (빵) 　{-은} (자음 다음에)

온 (사람), 산 (물건), 모인 (장소) 　{-ㄴ}(모음 다음에)

관형사형 어미 형태소 {-을∞-ㄹ}

잡을 (고기), 닫을 (문), 먹을 (빵)   {-을} (자음 다음에)

올 (사람), 살 (물건), 모일 (장소)   {-ㄹ} (모음 다음에)

　형태소를 구분 짓는 환경에서는 상호 배타적이어서 동일 환경 내에서 이형태 간 상호 교체를 일절 불허한다. 이와 같은 분포를 상보적 분포(相補的 分布, complementary distribution)라 한다. 분포란 어떤 성분이 실현될 수 있는 위치의 총체(totality of position)를 뜻한다.

┃음운적 조건의 이형태┃

	주격 표지	주제화 표지	목적격 표지	명사형 어미	관형사형 어미	관형사형 어미
모음 뒤	바다가 {-가}	바다는 {-는}	바다를 {-를}	옴 {-ㅁ}	온 {-ㄴ}	올 {-ㄹ}
자음 뒤	산이 {-이}	산은 {-은}	산을 {-을}	잡음 {-음}	잡은 {-은}	잡을 {-을}

8.3.2. 형태적 조건의 이형태

　어떤 이형태의 분포는 음운적으로 설명할 수 없는 것이 있다. 일련의 특별한 형태소에만 교체가 일어나는 경우가 있다. 이와 같이 이형태가 이러한 방법으로 분포되었을 때, 이 교체형을 형태적 조건(morphological condition) 또는 비자동적 교체라 하고, 형태에 따라 달라지는 이형태를 형태적 조건의 이형태(morphologically conditioned allomorph)라고 한다. 그리고 기호 ∝를 사용하여 {-었-∝-였-}와 같이 표시한다. 한국어 형태적 조건의 이형태 사례는 다음과 같다.

① 부사형어미 형태소 {(-어∽-아)∝(-여/-러)}

먹어, 입어, 놀아, 닫아(음운적 조건의 이형태)

하-여, 공부하-여, 운동하-여　　{하-} 어간 다음에

푸르-러, 누르-러, 이르-러　　　{푸르(靑)-, 누르(黃)-, 이르(至)-}
　　　　　　　　　　　　　　　　　어간 다음에

② 명령형어미 형태소 {(-어라∽-아라)∝(-여라/-거라/-너라)}

먹어라, 입어라, 놀아라, 닫아라(음운적 조건의 이형태)

하-여라, 공부하-여라, 운동하-여라　{하(爲)-} 어간 다음에

가-거라, 나가-거라, 들어가-거라　　{가(去)-} 어간 다음에[96]

오-너라, 나오-너라, 들어오-너라　　{오(來)-} 어간 다음에

③ 과거시제 형태소 {(-었-∽-았-)∝(-였-/-렀-)}

먹었다, 입었다, 놀았다, 닫았다(음운적 조건의 이형태)

하-였다, 공부하-였다, 운동하-였다　{하-} 어간 다음에

푸르-렀다, 누르-렀다, 이르-렀다　　{푸르-, 누르-, 이르-} 다음에

---

[96] 이전에는 {가(去)-} 어간 다음에만 명령형어미 '-거라'가 사용되었으나 '먹-거라, 오-거라, 넣-거라, 잡-거라, 들-거라, 놀-거라' 등 모든 동사 어간에 붙어 사용된다. 다만 '-아라/어라'보다는 예스러운 느낌을 준다.

8.4. 형태음소

8.4.1. 형태음소의 개념

동일한 형태소에 속하는 음소의 부류(class)를 형태음소(morphoneme)라 한다. 예를 들면 복수를 나타내는 동일 형태소의 이형태인 음소부류 /-s, -z, -əz/(예: cats, dogs, foxes)는 형태음소다. 또한 예컨대, knife라는 표준형태소(normal morpheme)는 복수형 어미가 첨가되면 knives가 되는데, 이때 동일한 형태소 {knife}에 속하는 음소부류인 /f, v/는 형태음소가 된다. 한국어의 형태소 {속}과 {값}의 형태음소를 살펴보기로 한다.

> 속 — [속](속이), [송](속마음), [쏙](맘속), [쏭](물속밑)
> 값 — [값](값이), [갑](값도), [감](값만), [깝](책값), [깜](책값만)

위에서 {속, 송, 쏙, 쏭}은 이형태로 어두에서 /ㅅ/과 /ㅆ/의 대립을 보여주고, 어말에서 /ㄱ/과 /ㅇ/의 대립을 보여준다. {갑, 감, 깝, 깜}은 이형태로 어두에서 /ㄱ/과 /ㄲ/의 대립을, 어말에서 /ㅂ/과 /ㅁ/의 대립을 보여준다. /ㅅ/과 /ㅆ/, /ㄱ/과 /ㅇ/, /ㄱ/과 /ㄲ/, /ㅂ/과 /ㅁ/ 등은 각각 동일한 형태음소가 된다. 이처럼 각 형태소의 이형태들 간에 대응되는 부분에서 상호교체되는 음소를 하나로 묶어 형태음소라 한다.[97]

---

97 Harris(1951: 224, 362) 참조.

8.4.2. 형태음소적 변화

앞에서 이미 언급한 바와 같이 이형태는 주변의 음성환경에 의하여 조건화되고, 이로 인하여 그들의 분포에 대하여 예언할 수도 있다. 그러나 한편으로 음운적 요인의 관점에서 그 출현을 예언할 수 없는 형태적 조건의 이형태도 있다. 이와 같이 동일 형태소가 일정한 조건 밑에서 변이하는 이형태의 음성적 형태상의 변화를 형태음소적 변화(morphonemic change) 또는 형태음소적 변동(morphonemic alternation)이라 한다.

형태음소적 변화는 철자에 반영되기도 하고 반영되지 않을 수도 있다.

① 철자에 반영된 경우: life(명사) : live(형용사), safe(형용사) : save(동사), knife(단수) : knives(복수), 집(안) : 지(붕), 솔(밭) : 소(나무), 열-닫이 : 여닫이, 울-짖다 : 우짖다, 믿(음) : 미(쁘다) 등. 이외에 합성어에서 발생하는 경우도 있다. '초+불 : 촛불, 배+사공 : 뱃사공, 바다+물 : 바닷물, 후+날 : 훗날' 등.

② 발음만 변동되는 경우: house[haus](명사) : house[hauz](동사), móno- graph : monógraph-er : monográph-ic. {속} ∽ /sok/(속), /sog/(속이)[소기], /soŋ/(속만)[송만], /s'ok/(책속)[책쏙], /s'oŋ/(책속만)[책쏭만] 등.

8.4.3. 형태음소론

형태음소론(morphonologie)이라는 용어는 트루베츠코이(N.S. Trubetzkoy)의 『음운론의 원리』(Grundzüge der Phonologie, 1939)에서 '형태음운론에 대한 관견(管見)'이라는 제목으로 형태음운론의 성격, 연구 분야, 형태음운론 연구의 필요성 등에 대한 의견을 피력한데서 비롯되었다. 그는 형태음운론을 다음과 같이 정의했다. 즉, '형태음운론은 언어의 음운 수단의 형태론적 적용에 관한 연구'라고 말하고, 형태음운론의 세 가지 연구부문을 제시했다. ⑴ 형태소의 음운론적 구조에 관한 연구, ⑵ 형태소가 형태소 배합에서 겪는 배합적 음성변화에 관한 연구, ⑶ 형태론적 기능이 수행하는 음성변동에 관한 연구 등이다.

미국의 구조언어학자들은 주로 형태음소론(morphnemics)이라는 명칭을 사용하였으며, 형태음소론의 특징을 다음 두 사람의 정의로 대변할 수 있다.

형태음소론은 동일 형태소의 변동형상(alternant shapes)에 나타나는 대응 음소간의 변동을 연구한다.[98] 형태음소론은 형태소와 음소형상(phonemic shapes)의 모든 모습(phase)을 포함하여 연구한다. 즉, 변동의 대표적인 형상(shapes), 유형(type) 환경요인(음운적·문법적), 즉 하나의 변동 혹은 그 이상으로 나타나는 형태소의 여러 변동을 야기하는 요소에 관한 연구다.[99]

---

[98] Bernard Bloch(1947)참조.

이상에서 언급한 내용을 요약하면 형태음소론은 형태소가 서로 결합하여 단어(혹은 어절)를 이룰 때 형태소의 이형태간의 음소적 변이(phonemic variation)를 연구 대상으로 하는 형태론의 한 분야다.

8.4.4. 한국어 정서법과 형태음소론

주지하는 바와 같이 현대 한국어의 정서법은 형태음소론적 체계에 근거를 둔 표기법이다. 예를 들면, 음운론적으로는 이른바 중화과정이라고 하는 음운현상 때문에 모두 [낟]으로밖에 소리나지 않음에도 불구하고 '낟(穀), 낫(鎌), 낮(晝), 낯(面), 낱(個)' 등과 같이 서로 다른 고정형으로 표기하는 것은 형태음소론적 체계의 일면을 보여주는 것이다. 또한 '부엌, 값'이라는 명사는 /ㅋ/이나 /ㅄ/ 소리가 실현되지 않는 자리에서도 고정적 받침으로 표기하는데, 이도 역시 형태음소론적 체계에 근거한 것이다.

부엌 부엌~/부억/	**값** 값~/갑/
부엌도~/부억또/	값도~/갑또/
부엌이~/부엌이→부어기/	값만~/감만/
부엌문~/부엉문/	값어치~/갑어치→가버치/

그러나 모든 한글 표기에 있어서 형태음소적 원리에 일관하고 있

---

99 Charles F. Hockett(1957) 참조,

지는 않다. 예를 들면, 불규칙 용언의 어간 중에 고정형을 포기하는 것도 있다.

'잇다'의 경우 '잇고, 잇는, 잇지, 잇습니다' : '이어, 이으니, 이은'
'돕다'의 경우 '돕고, 돕는, 돕지, 돕습니다' : '도와, 도우니, 도운'
'듣다'의 경우 '듣고, 듣는, 듣지, 듣습니다' : '들어, 들으니, 들은'

　한국어 정서법에서 형태음소론적 조건에 참여하는 음소 또는 음소 결합들 가운데 어느 하나가 추상적 단위에 외형상으로 일치함으로써 그로부터 나머지 음소 내지 음소 결합들이 음운규칙에 의하여 설명될 수 있을 때 형태음소론적 고정형을 취하고, 음운규칙에 의하여 규칙적으로 설명될 수 없는 것은 고정형을 취하지 않음을 알 수 있다.

　본질적으로 음소적 체계인 한글에 의한 현대 한국어의 정서법은 부분적으로 형태음소론적 체계에 접근하고 있는데, 음운론적으로 동일한 형태소에 서로 다른 시각적 기호를 사용하고 있는 것은 한국어 정서법이 형태음소론적 체계에서 비롯된 것일뿐 아니라 한자와 일맥상통하는 일면이라 하겠다. 한글은 표음문자이지만 정서법은 거기에 표의문자적 특성까지 겸해 있음을 알 수 있다. 요컨대 현대국어의 정서법은 형태음소론적 체계에 근거를 둔 표기법이다.

8.5. 용언의 활용

용언이 일정한 문법적 관계를 표시하기 위하여 어간에 어미를 여러 가지로 바꾸는 현상을 활용(活用)이라고 한다. 활용형에는 종결형(문장을 끝맺는 활용형), 연결형(문장을 연결시켜주는 활용형), 전성형(문장의 기능을 전성시키는 활용형)이 있다. 그리고 활용할 때 어간이나 어미의 모습이 달라지는 경우가 있다. '굽다'의 '굽고, 굽어, 굽으니'로 활용해도 어간이 바뀌지 않는 규칙 활용과 '아름답다'의 '아름다워, 아름다우며'처럼 활용할 때 어간이나 어미의 기본형태가 달라지는 경우를 불규칙 활용이라고 한다. 어간이 바뀌는 불규칙에는 'ㅅ' 불규칙, 'ㄷ' 불규칙, 'ㅂ' 불규칙, '르' 불규칙, '우' 불규칙이 있다. 그리고 어미가 바뀌는 불규칙으로 '여' 불규칙, '러' 불규칙, '너라' 불규칙, '오' 불규칙이 있으며, 어간과 어미가 바뀌는 불규칙에는 'ㅎ' 불규칙이 있다.

8.5.1. 어간의 바뀜

(1) 'ㅅ' 불규칙

어간이 'ㅅ'으로 끝난 일부 동사는 모음으로 시작되는 어미와 만나면 무성음 'ㅅ'[s]은 유성음 'ㅅ'인 반치음 'ㅿ'[z]으로 바뀐다. 이 문자는 훈민정음 창제 이후 사용되었다가 임진란 이후 그 음가가 소멸되어 지금까지 이어진다. 따라서 'ㅅ' 탈락이다.

'짓+어 → 지어, 긋+어 → 그어, 붓+어 → 부어, 낫+아 → 나아, 잇+어 → 이어' 등은 어간 받침 'ㅅ'이 모음 어미와 결합하면 탈락하여 없어진다. 이는 15세기에 무성음 'ㅅ'[s]이 유성음 'ㅿ'[z]으로 바뀌었다가 17세기 이후 그 음가가 소멸되었기 때문이다. 반면에 '벗+어, 솟+아, 웃+어, 씻+어, 빗+어, 빼앗+아' 등은 'ㅅ'이 탈락되지 않는다. 'ㅿ'의 유성음화 현상이 일어난 것은 이미 조선 이전으로 세종은 백성의 발음을 조사하여 규칙과 불규칙을 구분하였다.

참고 중세국어 'ㅅ'과 'ㅿ'

받침이 'ㅅ'으로 끝나는 용언 어간이 모음과 결합하면 유성음인 'ㅿ'으로 바뀌는 경우가 있다.

벗(脫)+어/으니 → 버서/버스니
솟(湧)+아/ᄋᆞ니 → 소사/소ᄉᆞ니(소스니)

짓(作)+어/으니 → 지ᅀᅥ/지ᅀᅳ니 → 지어/지으니
닛(續)+어/으니 → 니ᅀᅥ/니ᅀᅳ니 → 니어(이어)/니ᅀᅳ니(이으니)
븟(注, 腫)+어/으니 → 브ᅀᅥ/브ᅀᅳ니 → 브어(부어)/브ᅀᅳ니(부으니)

---

(2) 'ㄷ' 불규칙

어간이 'ㄷ'으로 끝나는 일부 동사는 모음으로 시작되는 어미와 만나면 'ㄷ'이 'ㄹ'로 바뀌는 현상이다.

'걷+어 → 걸어, 깨닫+아 → 깨달아, 듣+어 → 들어, 묻(問)+어 → 물어, 싣+어 → 실어' 등은 '닫아, 믿어, 받아, 얻어, 묻(埋)어' 등과는 달리 어간 받침 'ㄷ'이 'ㄹ'로 바뀐다. 이는 이미 15세기에 발음의 편리를 위한 현상으로 나타났다.

> **참고** 중세국어 'ㄷ'과 'ㄹ'
>
> 용언 어간 받침이 'ㄷ'인 경우에 모음과 결합하면 'ㄹ'로 바뀌는 경우가 있다.
>
> 묻(埋, 染)＋어/으니 → 무더/무드니
>
> 얻(得)＋어/으니 → 어더/어드니
>
> 곧(直)＋아/ᄋ니 → 고다/고ᄃ니(고드니)
>
> 묻(問)＋어/으니 → 무러/무르니
>
> 걷(步)＋어/으니 → 거러/거르니
>
> 듣(聞)＋어/으니 → 드러/드르니
>
> 긷(汲)＋어/으니 → 기러/기르니

(3) 'ㅂ' 불규칙

'ㅂ' 받침을 가진 동사가 모음으로 시작하는 어미를 만나면 무성음 'ㅂ'[p]이 유성음 사이에서 유성음인 'ㅸ'[β]으로 바뀌어 양성모음(ㅏ, ㅗ) 다음에는 반모음 'ㅗ'[w]나 단모음 '오'[o], 음성모음(ㅓ, ㅜ) 다음에는 반모음 'ㅜ'[w]나 단모음 '우'[u]로 바뀐다. '돕+아 → 도와, 곱+아 → 고와, 눕+어 → 누워, 덥+어 → 더워, 춥+어 → 추워, 밉+어 → 미워, 반갑+아 → 반가워, 어렵+어 → 어려워, 아름답+아 → 아름다와 → 아름다워' 등은 'ㅂ → ㅸ →w(ㅗ/ㅜ)'처럼 반모음으로 변천되었다. 또한 '돕+으니 → 도우니, 곱+으니 → 고오니 → 고우니' 등에서는 'ㅂ → ㅸ → 오/우'처럼 단모음으로 변천되었다. 'ㅂ'이 유성음화돼 'ㅸ' 음가 소리가 나온 것은 조선 이전인 고려시대로 볼 수 있다. 반면에 '잡+아, 접+어, 입+어, 씹+어' 등은 규칙적인 활용으로 'ㅂ' 음가가 그대로 유지된다.

> **참고** 중세국어 'ㅂ'과 'ㅸ'
>
> 받침이 'ㅂ'으로 끝나는 용언 어간이 모음과 결합하면 유성음 'ㅸ'으로 바뀌는 경우가 있다. 'ㅸ'은 반모음 [w](ㅗ/ㅜ)나 단모음 [o/u](오/우)로 변천되었다.
>
> 잡(執)＋아/ᄋᆞ니 → 자바/자ᄇᆞ니
> 굽(曲)＋어/으니 → 구버/구브니
>
> 곱(麗)＋아/ᄋᆞ니 → 고ᄫᅡ/고ᄫᆞ니 → 고와(반모음)/고오니(고우니) (단모음)
> 굽(炙)＋어/으니 → 구ᄫᅥ/구ᄫᅳ니 → 구워(반모음)/구우니(단모음)

(4) '르' 불규칙

'르' 불규칙은 어간만의 변화로 본다. 즉, 용언의 어간이 '-르'로 끝나는 경우 '-아/어'의 모음 어미가 오면 'ㅡ'가 탈락되고 초성 'ㄹ[r]'은 받침 'ㄹ[ㅣ]'로 바뀌며 이로 인해 'ㄹ[l]'이 덧생긴다. '흐르다'를 설명할 때, '흐르-'는 자음으로 시작되는 어미 앞에서는 '흐르고, 흐르며' 등 어간의 변화가 없지만, 모음 '-어/아'로 시작되는 어미 앞에서 '흘+ㄹ'의 형태로 바뀐다. 즉, 흐르+어 → 흘+ㄹ+어 → 흘러, '빠르+아 → 빨+ㄹ+아 → 빨라, 누르(壓)+어 → 눌+ㄹ+어 → 눌러, 가르+아(서) → 갈+ㄹ+아(서) → 갈라(서)' 등을 들 수 있다.

반면에 '치르+어 → 치러, 따르+아 → 따라, 들르+어 → 들러' 등은 'ㅡ'탈락 규칙이다.

① '르-ᄋ'의 경우[100]

다ᄅ다(異): 다ᄅ+아→달아　　오ᄅ다(登): 오ᄅ+아→올아

니르다(謂): 니르+어→닐어(일어)

ᄆᄅ다(裁): ᄆᄅ+아→ᄆᆯ아　　고ᄅ다(調): 고ᄅ+아→골아

기르다(養): 기르+어→길어　　두르다(圍): 두르+어→둘어

② '르-ㄹ'의 경우

ᄲᄅ다(速): ᄲᄅ+아→ᄲᆯ라　　모ᄅ다(不知): 모ᄅ+아→몰라

흐르다(流): 흐르+어→흘러　　부르다(呼): 부르+어→불러

므르다(退): 므르+어→믈러(물러)

(5) '우' 불규칙

'주+어→주어, 누+어→누어' 등에서처럼 모음 '우'로 끝나는 어간
은 모음 어미와 결합해도 탈락하지 않는다. 그러나 '푸다'는 '푸+어
→퍼'에서처럼 부사형 어미 '-어'와 결합하면 '우'가 탈락한다. 이러
한 현상은 15세기에 이미 문헌에 나타났다.

---

[100] '르-ᄋ'의 경우 16세기에 '달아→달라, 올아→올라, 닐어→닐러(일러), 골아
→골라, 길어→길러, 둘어→둘러' 등으로 '르-ㄹ'로 바뀌었다.

종류	활용이 일어나는 환경	불규칙	규칙
'ㅅ' 불규칙	어간의 끝소리 'ㅅ'이 모음 앞에서 탈락. 짓+어 → 지어 잇+어 → 이어 긋+으니 → 그으니 낫+아(서) → 나아(서)	짓다, 잇다, 긋다, 낫다	벗다, 씻다, 빗 다, 웃다, 솟다, 빼 앗다 예) 벗+어→벗어 　　빗+으니→ 　　빗으니
'ㄷ' 불규칙	어간의 끝소리 'ㄷ'이 모음 앞에서 'ㄹ'로 바뀜. 걷+어 → 걸어 듣+으니 → 들으니 깨닫+아(서) → 깨달아(서) 묻(問)+어 → 물어 싣+어 → 실어	걷다, 깨닫다, 듣다, 묻다, 싣다	닫다, 믿다, 받다, 얻다, 묻다, 쏟다 예) 닫+아→닫아 　　묻(埋, 染)+ 　　으니→묻으니
'ㅂ' 불규칙	어간의 끝소리 'ㅂ'이 모음 앞에서 반모음 'ㅗ/ㅜ[w]'로 바뀜. 돕+아 → 도와 덥+어 → 더워 춥+어 → 추워 굽(炙)+어 → 구워 줍+으니 → 주우니 눕+으니 → 누우니[101]	돕다, 덥다, 굽 다, 춥다, 줍다, 눕다	입다, 잡다, 좁다, 씹다, 접다 예) 입+어→입어, 　　잡+아→잡아, 　　씹+으니→ 　　씹으니
'르' 불규칙	어간의 끝음절이 '-르'로 끝나는 경 우 '-아/어'의 모음 어미가 오면 'ㅡ' 가 탈락되고 초성 'ㄹ[r]'은 받침 'ㄹ[l]'로 바뀌며 이로 인해 'ㄹ[l]' 이 덧생김. 오르+아 → 올+ㄹ+아 → 올라 고르+아 → 골+ㄹ+아 → 골라 부르+어 → 불+ㄹ+어 → 불러 기르+어 → 길+ㄹ+어 → 길러	빠르다, 흐르다, 가르다, 고르다, 모르다, 기르다, 이르다, 오르다, 부르다, 다르다, 누르다(壓)	치르다, 따르다, 들르다 예) 치르+어→처러 　　따르+아→따라 　　들르+어→들러
'우' 불규칙	어간의 '우'가 어미 '-어' 앞에서 탈락. 푸+어 → 퍼	푸다	주다 주+어→주어

---

101 '돕+아→도와, 덥+어→더워'처럼 어미 '-아/어'가 결합할 경우에는 'ㅂ'이
　　반모음 'ㅗ/ㅜ[w]'로 바뀌어 뒤에 오는 어미 '-아/어'와 결합된다. 그러나 '줍

8.5.2. 어미의 바뀜

(1) '여' 불규칙

부사형 어미 '-아'는 '잡+아, 막+아, 가+아' 등 어간 말음이 양성모음인 경우에 결합하고, '-어'는 '먹+어, 썩+어, 집+어' 등 어간 말음이 음성모음이거나 단음절 어간이 '이'로 끝나는 경우에 결합한다. 그러나 '하다'의 어간 '하'는 '하+여'처럼 어미 '-여'와 결합한다. 중세국어에서는 'ᄒᆞ+아 → ᄒᆞ야'로 사용되었으나 현대어에서는 모음조화 붕괴로 '하여'로 사용한다.

(2) '러' 불규칙

모음으로 끝나는 어간에 부사형 어미 '-아/어'가 결합하면 '오르+아 → 올라', '기르+어 → 길러'처럼 어간이 바뀌는 '르' 불규칙과 '따르+아 → 따라', '들르+어 → 들러'처럼 '으'탈락 규칙이 있다. 그런데 이와는 달리 '푸르+어 → 푸르러', '누르+어→누르러', '이르+어 → 이르러' 등에서처럼 어미 '-어'가 '러'로 바뀌는 불규칙 현상이 있는데 이를 '러' 불규칙이라 한다.

(3) '너라' 불규칙

명령형어미는 '-아라/-어라' 외에도 '-거라'와 '-너라'가 있다. '가

+으니, 눕+으니'처럼 어미 '-으'가 결합할 경우에는 'ㅂ'이 단모음 '오/우'로 바뀌어 독립된 음절을 갖는다. 즉 '주우+으니, 누우+으니'에서 '으'가 탈락돼 '주우니, 누우니'가 된다.

거라, 오거라, 넣거라, 두거라, 먹거라' 등 대부분 용언의 어간과 결합이 가능하므로 이는 규칙적인 현상으로 볼 수 있다. 그러나 '-너라'는 '오너라' 외에는 다른 어간과 결합이 자연스럽지 않으므로 '너라'불규칙 현상으로 다룬다.

┃어미의 바뀜┃

종류	활용이 일어나는 환경	불규칙	규칙
'여' 불규칙	부사형어미는 '-아/어'가 사용되나 '하+여', '공부하+여', '노래하+여' 등에서처럼 '하-' 어간에는 '-여'가 사용됨.	'하다', '-하다'가 결합한 모든 용언	막+아, 잡+아 먹+어, 넣+어
'러' 불규칙	'-르'로 끝나는 어간에 어미 '-아/어'가 오면 어미가 '-러'로 바뀜. 푸르+어 → 푸르러 이르+어 → 이르러 누르+어 → 누르러	푸르다. 이르다, 누르다	치르다, 따르다, 들르다 예) 치르+어→치러 따르+아→따라 들르+어→들러
'너라' 불규칙	명령형어미는 '-아라/어라'가 결합하지만 '오다'에는 '-아라' 외에 '-너라'도 결합됨. 오+너라→오너라[102]	오다	막+아라, 잡+아라 먹+어라, 넣+어라

8.5.3. 어간과 어미의 바뀜

'ㅎ' 불규칙 용언은 어간과 어미가 함께 바뀌는 용언이다. 우선 '좋+아 → 좋아[조아], 좋+은 → 좋은[조은]'에서처럼 어간이 바뀌지 않고 다만 발음상 'ㅎ'이 탈락하는 규칙 활용이 있다. 이와 달리

---

102 '오+너라 → 오너라'는 중세국어에서 이미 '오+나든, 오+나늘' 등에서처럼 '오다' 뒤에 '-나'가 쓰였다.

'파랗+아→파래, 파랗+은→파란'의 경우는 어간과 어미가 함께 바뀌는 것으로 설명해야 한다. 'ㅎ' 불규칙 용언은 동사는 없고 '파랗다, 빨갛다, 노랗다, 누렇다, 하얗다, 까맣다' 등 형용사만 있다.

파랗 + 은 → 파란(어간의 'ㅎ'이 탈락되고, 어미 '으'가 탈락)

파랗 + 아 → 파래(어간 '앟'이 탈락되고, 어미 '아'가 '애'로 바뀜)

노랗 + (아)지다 → 노래지다

하얗 + 아서 → 하얘서

┃어간과 어미의 바뀜┃

종류	조건	용례
'ㅎ' 불규칙	어간 말음 'ㅎ'아/어 → 어간 ㅎ탈락, 어미 변화 → 개나리는 노랗(다) + 고 → 노랗고 + 아 → 노래 + ㄴ → 노란	'ㅎ'받침의 용언 중 까맣다, 하얗다, 이렇다, 그렇다, 저렇다 등.

8.5.4. 용언의 규칙 활용

불규칙 활용은 규칙 활용이 전제된 상태에서 그 규칙에 어긋나는 활용을 하는 것을 말한다. 따라서 종전의 '으'와 'ㄹ'불규칙 활용은 이에 대응되는 규칙 활용이 없으므로 불규칙 활용으로 보았다. 그러나 '으'로 끝나는 어간은 예외 없이('러'불규칙 용언은 제외) 모음으로 된 어미 '-어/아' 앞에서 모음 충돌을 막기 위해 '으'가 탈락된다. 이것은 '쓰어 → 써, 끄어 → 꺼, 따르아 → 따라, 바쁘아 → 바빠, 아프아 → 아파, 기쁘어 → 기뻐' 등 '으' 탈락 규칙으로 활용할 수 있기 때문에 불규칙으로 보지 않는다.

'르' 탈락의 경우도 마찬가지다. '르' 받침을 가진 말이 불규칙 용언이 되려면 'ㄴ, ㄹ, ㅂ, ㅅ, ㅇ' 앞에서 '르'이 사라지지 않아야 하는데, '울+는 → 우는, 울+ㄹ 사람 → 울 사람[103], 울+ㅂ니다 → 웁니다, 울+소 → 우소, 살+시니 → 사시니, 울+오 → 우오' 등처럼 그런 일이 없으므로 규칙적인 현상이다. 이와 같은 동사로 '살다, 알다, 돌다, 떨다, 멀다, 날다' 등을 들 수 있다.

---

103 '울다+사람'에서 명사인 '사람'을 수식하려면 어근에 관형사형어미 'ㄹ'이 결합해야 한다. 예를 들어 '가다+사람'은 '가+ㄹ+사람→ 갈 사람'으로 되듯이 '울+ㄹ+사람'으로 관형사형어미 'ㄹ' 앞에 어간 '울'의 'ㄹ'이 탈락된 것이다.

제9장
한국어의 표준발음법

한국어 말소리의 이해

제1장 총칙

> **제1항** 표준 발음법은 표준어의 실제 발음을 따르되, 국어의 전통성과 합리성을 고려하여 정함을 원칙으로 한다.

해설

　표준어의 실제 발음을 따른다는 것은 현대 서울말의 현실 발음을 기반으로 표준 발음을 정하되 전통성과 합리성을 고려하여 정한다고 했다. 예를 들어 '넋'이나 '없다'와 같이 겹받침의 발음은 역사적으로 단독으로 사용하거나 자음으로 시작하는 조사나 어미가 결합할 경우에는 '넋[넉], 넋과[넉꽈]'나 '없고[업꼬], 없다[업따]' 등처럼 겹받침 중 한 자음이 탈락된다. 또한 '밟다[밥따]'와 '넓다[널따]'의 경우처럼 대표음으로 소리나는 경우가 다른데 이는 서울말의 현실 발음을 따른 것으로 볼 수 있다.

　전통성 이외에 합리성도 실제 발음을 표준 발음으로 정하는 데에 필요하다. 예를 들어 '늙은, 늙고, 늙다, 늙소 : 흙은, 흙을'의 발음을 보면 'ㄺ' 겹받침을 가진 용언은 뒤에 모음으로 시작하는 어미가 결합할 때 겹받침 중 하나를 연음해야 한다. 그리고 자음으로 시작하는 어미가 결합하면 대표음으로 소리난다. 이때 어미 자음이 'ㄱ'으로 시작되면 받침은 'ㄹ'로 발음되고, 'ㄱ'이외 자음이면 'ㄱ'으로 발음된다.

　늙은[늘근], 늙다[늑따], 늙고[늘꼬], 늙소[늑쏘]

　흙은[흘근], 흙을[흘글], 흙[흑], 흙도[흑또]

'흙은[흘근], 흙을[흘글]'로 발음되는 것이 연음 규칙에 합리적인 발음이다. 그러나 실제로 현실 발음에서는 '흙은[흐근], 흙을[흐글]'로 발음하는 경우가 많다. 즉 모음으로 시작되는 어미가 와도 겹받침 중 하나를 생략하여 발음한다. 이러한 현실 발음은 합리성이 떨어지기 때문에 표준 발음으로 인정하지 않는다.

제2장 자음과 모음

제2항 표준어의 자음은 다음 19개로 한다.

ㄱ ㄲ ㄴ ㄷ ㄸ ㄹ ㅁ ㅂ ㅃ ㅅ ㅆ ㅇ ㅈ
ㅉ ㅊ ㅋ ㅌ ㅍ ㅎ

해설

이 조항은 국어 자음의 수를 규정하고 있다. 19개 자음은 세종이 훈민정음 초성 17자(ㄱ, ㅋ, ㆁ ; ㄴ, ㄷ, ㅌ,ㄹ ; ㅁ,ㅂ,ㅍ ; ㅅ,ㅈ,ㅊ,ㅿ ; ㅇ, ㆆ,ㅎ)에 병서 자음인 6자(ㄲ,ㄸ,ㅃ,ㅆ,ㅉ,ㆅ)를 합한 23자에서 역사적 변천에 의해 소멸된 4자(ㅿ,ㆁ,ㆆ,ㆅ)를 제외한 자음 수이다. 그리고 19개의 자음을 위와 같이 배열한 것은 한글 자모의 순서에다가 국어 사전에서의 자모 순서를 고려하여 배열한 것이다.

제3항 표준어의 모음은 다음 21개로 한다.

　ㅏ　ㅐ　ㅑ　ㅒ　ㅓ　ㅔ　ㅕ　ㅖ　ㅗ　ㅘ　ㅙ　ㅚ　ㅛ
　ㅜ　ㅝ　ㅞ　ㅟ　ㅠ　ㅡ　ㅢ　ㅣ

> **해설**

　이 조항은 한국어 모음의 수를 규정하고 있다. 한국어에는 총 21개의 모음이 있다. 이러한 모음은 크게 단모음(單母音)과 이중 모음으로 구분한다. 단모음은 발음할 때 입의 모양이나 혀의 위치가 일정하게 유지되는 모음이다. 반면 이중 모음은 발음할 때 입의 모양이나 혀의 위치가 바뀌는 모음이다.

　단모음: ㅏ, ㅐ, ㅓ, ㅔ, ㅗ, ㅚ, ㅜ, ㅟ, ㅡ, ㅣ
　이중 모음: ㅑ, ㅒ, ㅕ, ㅖ, ㅘ, ㅙ, ㅛ, ㅝ, ㅞ, ㅠ, ㅢ

제4항 'ㅏ ㅐ ㅓ ㅔ ㅗ ㅚ ㅜ ㅟ ㅡ ㅣ'는 단모음(單母音)으로 발음한다.

[붙임] 'ㅚ, ㅟ'는 이중 모음으로 발음할 수 있다.

> **해설**

　이 조항은 한국어 단모음의 수를 규정하고 있다. 한국어 표준 발음으로는 10개의 단모음을 인정하고 있다. 중세국어에서 단모음은 7자(ㆍ, ㅡ, ㅣ, ㅏ, ㅓ, ㅗ, ㅜ)이고, 근대국어에서 8자(ㅡ, ㅣ, ㅏ, ㅓ, ㅗ, ㅜ, ㅔ, ㅐ)이며, 현대국어에서 10자로 다룬다.

단모음의 분류는 크게 혀의 위치, 입술 모양에 따라 이루어진다. 이 중 혀의 위치는 다시 전후 위치와 높낮이로 구별하기 때문에 실제로는 세 가지 기준에 따라 분류된다. 혀의 전후 위치에 따라 전설 모음과 후설 모음, 혀의 높낮이에 따라 고모음, 중모음, 저모음, 그리고 입술 모양에 따라 원순 모음과 평순 모음으로 나눌 수 있다.

혀의 앞뒤	전설모음		후설모음	
혀의 높이	평 순	원 순	평 순	원 순
고 모 음	ㅣ	ㅟ	ㅡ	ㅜ
중 모 음	ㅔ	ㅚ	ㅓ	ㅗ
저 모 음	ㅐ		ㅏ	

그러나 중설모음(ㅓ, ㅏ)을 설정할 필요가 있고, 'ㅐ'를 저모음이 아닌 중모음(반개모음)으로 볼 수 있다. 왜냐하면 'ㅐ'는 'ㅔ'와 유사하게 발음되고, 저모음인 'ㅏ' 보다는 는 분명히 입의 크기가 작은 중모음이기 때문이다. 전설 원순 모음에 해당하는 'ㅟ'와 'ㅚ'는 단모음 대신 이중 모음으로 발음하는 경우도 있다. 이러한 발음 현실을 감안하여 [붙임]에서는 'ㅟ'와 'ㅚ'를 단모음 대신 이중 모음으로 발음하는 것도 허용하고 있다. 'ㅟ'를 이중 모음으로 발음할 경우에는 반모음 'ㅜ[w]'와 단모음 '이'를 연속하여 발음하는 것과 같다. 'ㅚ'를 이중 모음으로 발음할 경우에는 반모음 'ㅜ[w]'와 단모음 'ㅔ'를 연속하여 발음하는 것과 같아서 'ㅞ'와 동일하다고 할 수 있다. 예컨대 '회'의 경우 'ㅚ'를 단모음으로 발음하는 [회]와 이중 모음으로 발음하는 [훼]가 모두 표준 발음으로 인정된다.

제5항 '   ‘ㅑ ㅒ ㅕ ㅖ ㅘ ㅙ ㅛ ㅝ ㅞ ㅠ ㅢ’는 이중 모음으로 발음한다.

다만 1. 용언의 활용형에 나타나는 ‘져, 쪄, 쳐’는 [저, 쩌, 처]로 발음한다.

가지어→가져[가저]   찌어→쪄[쩌]

다치어→다쳐[다처]

다만 2. ‘예, 례’ 이외의 ‘ㅖ’는 [ㅔ]로도 발음한다.

계집[계:집/게:집]   계시다[계:시다/게:시다]

시계[시계/시게](時計)   연계[연계/연게](連繫)

메별[메별/메별](袂別)   개폐[개폐/개페](開閉)

혜택[혜:택/헤:택](惠澤)   지혜[지혜/지헤](智慧)

다만 3. 자음을 첫소리로 가지고 있는 음절의 ‘ㅢ’는 [ㅣ]로 발음한다.

늴리리   닁큼   무늬   띄어쓰기

씌어   틔어   희어   희떱다

희망   유희

다만 4. 단어의 첫음절 이외의 ‘의’는 [ㅣ]로, 조사 ‘의’는 [ㅔ]로 발음함도 허용한다.

주의[주의/주이]   협의[혀븨/혀비]

우리의[우리의/우리에]   강의의[강:의의/강:이에]

이 조항은 국어 이중 모음의 수를 규정하고 있다. 여기에 따르면 한국어에는 총 11개의 이중 모음이 있다. 이러한 이중 모음은 그 구성 요소 중 하나인 반모음의 종류 및 위치에 따라 다음과 같이 분류할 수 있다.

반모음(ㅣ [j])+단모음의 이중 모음: ㅑ, ㅒ, ㅕ, ㅖ, ㅛ, ㅠ

단모음+반모음(ㅣ [j])의 이중 모음: ㅢ

반모음(ㅗ/ㅜ[w])+단모음의 이중 모음: ㅘ, ㅙ, ㅝ, ㅞ

'다만 1'은 '져, 쪄, 쳐'와 같이 'ㅈ, ㅉ, ㅊ' 뒤에 오는 'ㅕ'는 이중 모음으로 발음하지 않고 단모음 'ㅓ'로 발음한다. 'ㅈ, ㅉ, ㅊ' 뒤에서 'ㅕ'가 발음되지 못하는 것은 'ㅈ, ㅉ, ㅊ'과 같은 경구개음 뒤에 경구개음 반모음 'ㅣ [j]'가 연이어 발음될 수 없다는 한국어의 제약 때문이다. '다만 2'는 'ㅖ'의 발음과 관련된 조항이다. 이중 모음 'ㅖ'는 표기대로 발음하는 것이 원칙이지만 '예, 례'를 제외한 나머지 환경에서는 이중 모음 대신 단모음 [ㅔ]로 발음되는 경우가 매우 빈번하다. 그래서 이러한 발음 현실을 감안하여 '예, 례'와 같이 초성이 없거나 'ㄹ'이 초성에 있는 경우가 아닌 'ㅖ'는 이중 모음으로 발음하는 것을 원칙으로 하되 단모음 [ㅔ]로 발음하는 것도 허용하게 되었다. 이에 따라 '계시다, 혜택'과 같은 단어는 표준 발음을 복수로 제시하고 있다.

'다만 3'과 '다만 4'는 'ㅢ'의 발음과 관련된 조항이다.

① 자음을 첫소리로 가지고 있는 음절의 'ㅢ'는 [ㅣ]로 발음한다.

　늴리리　닁큼　무늬　띄어쓰기　희어　희망　유희

② 단어의 첫음절 이외의 '의'는 [ㅣ]로, 조사 '의'는 [ㅔ]로 발음함
도 허용한다.

　　주의[주의/주이]　　　　협의[혀븨/혀비]

　　우리의[우리의/우리에]　　강의의[강ː의의/강ː이에]

제3장 음의 길이

제6항 모음의 장단을 구별하여 발음하되, 단어의 첫음절에서만 긴
소리가 나타나는 것을 원칙으로 한다.

　(1)　눈보라[눈ː보라]　　　　말씨[말ː씨]

　　　　밤나무[밤ː나무]　　　　많다[만ː타]

　　　　멀리[멀ː리]　　　　　　벌리다[벌ː리다]

　(2)　첫눈[천눈]　　　　　　　참말[참말]

　　　　쌍동밤[쌍동밤]　　　　수많이[수ː마니]

　　　　눈멀다[눈멀다]　　　　떠벌리다[떠벌리다]

다만, 합성어의 경우에는 둘째 음절 이하에서도 분명한 긴소리를
인정한다.

　반신반의[반ː신바ː늬 / 반ː신바ː니]

　재삼재사[재ː삼재ː사]

[붙임] 용언의 단음절 어간에 어미 '-아/-어'가 결합되어 한 음절로 축약되는 경우에도 긴소리로 발음한다.

　　보아→봐[봐:]　　　　　　기어→겨[겨:]

　　되어→돼[돼:]　　　　　　두어→둬[둬:]

　　하여→해[해:]

다만, '오아→와, 지어→져, 찌어→쪄, 치어→쳐' 등은 긴소리로 발음하지 않는다.

해설

　한국어의 운소는 장단이므로 이에 대한 규정이다. 동일한 음소로 구성돼 장단으로 의미 변별을 하는 쌍이 있다. 즉, 소리의 장단에 따라 뜻이 분별되는 말로 '눈:[雪] － 눈[目], 밤:[栗] － 밤[夜], 발:[簾] － 발[足], 장:[將, 醬] － 장[場], 벌:[蜂] － 벌[罰], 손:[損] － 손[手], 배:[倍] － 배[梨, 舟], 매:[鷹] － 매[磨石, 회초리], 돌:[石] － 돌(생일), 굴:[窟] － 굴(굴조개)' 등을 들 수 있다. (1)의 사례처럼 단어의 첫음절에서 장모음을 지니는 것이 (2)와 같이 단어의 둘째 음절 이하의 위치에 놓이면 그 길이가 짧아진다.

　그리고 '붙임'의 사례의 경우처럼 용언의 단음절 어간에 어미 '-아/-어'가 결합되어 한 음절로 축약되는 경우에도 '보아→봐[봐:], 기어→겨[겨:], 되어→돼[돼:], 두어→둬[둬:]'처럼 장음이 된다. 그러나 '오아→와, 지어→져, 찌어→쪄, 치어→쳐' 등은 긴소리로 발음하지 않는다. '가+아→가, 서+어→서'처럼 어간과 동일한 어미 모음이 와서 생략되는 경우에도 긴소리로 발음하지 않는다.

제7항 긴소리를 가진 음절이라도, 다음과 같은 경우에는 짧게 발음한다.

1. 단음절인 용언 어간에 모음으로 시작된 어미가 결합되는 경우

　감다[감:따] − 감으니[가므니]　밟다[밥:따] − 밟으면[발브면]

　신다[신:따] − 신어[시너]　　알다[알:다] − 알아[아라]

다만, 다음과 같은 경우에는 예외적이다.

　끌다[끌:다] − 끌어[끄:러]　　떫다[떨:따] − 떫은[떨:븐]

　벌다[벌:다] − 벌어[버:러]　　썰다[썰:다] − 썰어[써:러]

　없다[업:따] − 없으니[업:쓰니]

2. 용언 어간에 피동, 사동의 접미사가 결합되는 경우

　감다[감:따] − 감기다[감기다]

　꼬다[꼬:다] − 꼬이다[꼬이다]

　밟다[밥:따] − 밟히다[발피다]

다만, 다음과 같은 경우에는 예외적이다.

　끌리다[끌:리다]　　　　　벌리다[벌:리다]

　없애다[업:쌔다]

[붙임] 다음과 같은 복합어에서는 본디의 길이에 관계없이 짧게 발음한다.

　밀-물　　　썰-물　　　　쏜-살-같이　　작은-아버지

본 조항은 '감다[감:따], 신다[신:따], 꼬다[꼬:다]'의 경우처럼 용언 자체에는 장음으로 발음된다. 그러나 동일한 용언 어간에 모음으로 시작된 어미가 결합되거나(감으니[가므니], 신어[시너]) 용언 어간에 피동이나 사동 접미사가 결합되는 경우(감기다[감기다], 꼬이다[꼬이다])에는 짧게 발음하는 규정이다.

그러나 위와 같은 경우는 용언 어간이 1음절이라는 제약이 있다. 어간이 다음절일 경우에는 '걸치다[걸:치다], 더럽다[더:럽다], 걸치어[걸:치어], 더러운[더:러운]'처럼 장음으로 발음된다. 그리고 피동이나 사동 접미사가 결합할 경우에도 예외가 있다. '끌리다[끌:리다], 벌리다[벌:리다], 썰리다[썰:리다]' 등에서는 어간의 장모음이 그대로 유지된다.

그리고 [붙임] 용언의 활용형이 포함된 합성어의 장단이 활용형의 장단과 일치하지 않는 예를 제시하고 있다. '밀다, 쏘다, 작다'의 어간이나 활용형은 '밀[밀:], 쏜[쏜:], 작은[자:근]'과 같이 장모음이지만 '밀물[밀물], 쏜살같이[쏜쌀가치], 작은아버지[자근아버지]'의 경우는 짧아진다.

제4장 받침의 발음

> **제8항** 받침소리로는 'ㄱ, ㄴ, ㄷ, ㄹ, ㅁ, ㅂ, ㅇ'의 7개 자음만 발음한다.

해설

본 조항은 한국어의 음절 종성 규칙에 대한 것이다. 음절 받침에 올 수 있는 자음은 7개로 제한하여 규정하고 있다. 이는 중세국어 8종성법(ㄱ,ㄴ,ㄷ,ㄹ,ㅁ,ㅂ,ㅅ,ㅇ), 근대국어 7종성법(ㄱ,ㄴ,ㄹ,ㅁ,ㅂ, ㅅ,ㅇ)에 이어 현대국어 7종성법(ㄱ,ㄴ,ㄷ,ㄹ,ㅁ,ㅂ,ㅅ,ㅇ)에 관한 규정이다. 중세국어나 근대국어 음절의 종성법은 표기법상의 종성 규칙이다. 그러나 현대 국어의 종성법은 표기법상으로는 일부 쌍자음을 제외한 대부분의 자음을 종성에 표기할 수 있지만 실제로 발음할 수 있는 것은 'ㄱ, ㄴ, ㄷ, ㄹ, ㅁ, ㅂ, ㅇ'의 7개 자음이다.

7개 자음 중 공명문자인 'ㄴ,ㄹ,ㅁ,ㅇ'은 단독으로 사용하여 대표음이 되고, 또 받침에 오면 그대로 그 소리가 난다. 나머지 3개 자음 대표음은 'ㄱ, ㄷ, ㅂ' 등 평음 파열음이다. 즉, 'ㅋ, ㄲ'은 'ㄱ'으로, 'ㅍ'은 'ㅂ'으로 'ㅌ, ㅅ, ㅈ, ㅊ, ㅆ'은 'ㄷ'으로 발음된다. 그리고 겹받침은 하나가 탈락돼 남은 자음도 7개 자음 중 하나로 바뀌게 된다.

제9항 받침 'ㄲ, ㅋ', 'ㅅ, ㅆ, ㅈ, ㅊ, ㅌ', 'ㅍ'은 어말 또는 자음 앞에서 각각 대표음 [ㄱ, ㄷ, ㅂ]으로 발음한다.

닦다[닥따]	키읔[키윽]
키읔과[키윽꽈]	옷[옫]
웃다[욷:따]	있다[읻따]
젖[젇]	빚다[빋따]
꽃[꼳]	쫓다[쫃따]

솥[솓]	뱉다[밷:따]
앞[압]	덮다[덥따]

본 조항은 앞선 제8항의 내용을 구체화한 것으로 특히 종성에 놓인 홑받침 및 쌍받침의 발음에 대하여 규정하고 있다. '밖[박], 깎다[깍따], 닭다[닥따], 부엌[부억]'의 경우처럼 'ㄲ, ㅋ'은 [ㄱ]으로, '낫[낟], 있다[읻따], 낮[낟], 낯[낟], 낱[낟:]의 예처럼 'ㅅ, ㅆ, ㅈ, ㅊ, ㅌ'은 [ㄷ]으로 발음된다. 그리고 '앞[압], 짚[집]'의 경우처럼 'ㅍ'은 [ㅂ]으로 바뀐다. 공명음을 제외한 'ㄱ,ㄷ,ㅂ'은 저지음(장애음)의 대표음으로 발음돼 평파열음화라고도 한다.

제10항 겹받침 'ㄳ', 'ㄵ', 'ㄼ, ㄽ, ㄾ', 'ㅄ'은 어말 또는 자음 앞에서 각각 [ㄱ, ㄴ, ㄹ, ㅂ]으로 발음한다.

넋[넉]	넋과[넉꽈]
앉다[안따]	여덟[여덜]
넓다[널따]	외곬[외골]
핥다[할따]	값[갑]
없다[업:따]	

다만, '밟-'은 자음 앞에서 [밥]으로 발음하고, '넓-'은 다음과 같은 경우에 [넙]으로 발음한다.

(1) 밟다[밥:따]	밟소[밥:쏘]

밟지[밥:찌]	밟는[밥:는 → 밤:는]
밟게[밥:께]	밟고[밥:꼬]
(2) 넓―죽하다[넙쭈카다]	넓둥글다[넙뚱글다]

해설

본 조항은 제8항의 내용을 구체화한 것으로, 종성에 놓인 겹받침의 발음에 대하여 규정하고 있다. 중세국어 표기에서부터 겹받침의 단독 사용이나 자음 앞에서는 두 자음 중 하나가 탈락하게 된다. 이것은 음절 종성에서 두 개의 자음이 발음되지 못하는 한국어의 음절 구조 제약 때문이다. 본 조항에서는 겹받침 'ㄳ', 'ㄵ', 'ㄼ, ㄽ, ㄾ', 'ㅄ'은 어말 또는 자음 앞에서 각각 뒤의 자음이 탈락하여 '넋[넉], 넋도[넉또], 앉다[안따], 여덟[여덜], 넓다[널따], 얇다[얄따]'에서처럼 [ㄱ, ㄴ, ㄹ, ㅂ]으로 발음한다.

다만 'ㄼ'은 '밟다[밥:따]', '넓―죽하다[넙쭈카다], 넓둥글다[넙뚱글다]'로 앞의 'ㄹ'이 탈락돼 'ㅂ'으로 발음된다. '밟다'의 경우는 예외적이고, '넓다'의 경우는 파생어나 합성어의 경우에만 이 규정을 적용하는데 이러한 받침 규정은 현실 발음을 수용한 것이다.

제11항 겹받침 'ㄺ, ㄻ, ㄿ'은 어말 또는 자음 앞에서 각각 [ㄱ, ㅁ, ㅂ]으로 발음한다.

닭[닥]	흙과[흑꽈]
맑다[막따]	늙지[늑찌]

삶[삼:] 젊다[점:따]

읊고[읍꼬] 읊다[읍따]

다만, 용언의 어간 말음 'ㄹㄱ'은 'ㄱ' 앞에서 [ㄹ]로 발음한다.

맑게[말게] 묽고[물꼬]

얽거나[얼꺼나]

본 조항은 제10항과 반대로 겹받침을 이루는 두 개의 자음 중 앞선 자음이 탈락하는 경우를 규정한 것이다. 겹받침 'ㄹㄱ, ㄹㅁ, ㄹㅍ'은 음절 종성에서 앞선 'ㄹ'이 탈락해 [ㄱ, ㅁ, ㅂ]으로 발음된다. 예를 들면 '닭[닥], 칡[칙], 흙도[흑또], 읽다[익따], 앎[암], 닮다[담따], 읊다[읍 따]' 등을 들 수 있다.

다만 용언 어간의 겹받침 'ㄹㄱ'은 'ㄱ' 앞에서 뒤의 자음 'ㄱ'이 탈락한다. 이는 받침 'ㄱ'과 뒤의 'ㄱ'이 연속해서 발음되지 않기 때문이다. 따라서 '읽다[익따], 맑다[막따], 늙다[늑따]', '읽고[일꼬], 맑게[말께], 늙거든[늘꺼든], 밝기[발끼]' 등처럼 발음한다.

제12항 받침 'ㅎ'의 발음은 다음과 같다.

1. 'ㅎ(ㄶ, ㅀ)' 뒤에 'ㄱ, ㄷ, ㅈ'이 결합되는 경우에는, 뒤 음절 첫소리와 합쳐서 [ㅋ, ㅌ, ㅊ]으로 발음한다.

놓고[노코] 좋던[조:턴]

쌓지[싸치]　　　　　　많고[만:코]

않던[안턴]　　　　　　닳지[달치]

[붙임 1] 받침 'ㄱ(ㄹㄱ), ㄷ, ㅂ(ㄹㅂ), ㅈ(ㄴㅈ)'이 뒤 음절 첫소리 'ㅎ'과 결합되는 경우에도, 역시 두 음을 합쳐서 [ㅋ, ㅌ, ㅍ, ㅊ]으로 발음한다.

각하[가카]　　　　　　먹히다[머키다]

밝히다[발키다]　　　　맏형[마텽]

좁히다[조피다]　　　　넓히다[널피다]

꽂히다[꼬치다]　　　　앉히다[안치다]

[붙임 2] 규정에 따라 'ㄷ'으로 발음되는 'ㅅ, ㅈ, ㅊ, ㅌ'의 경우에도 이에 준한다.

옷 한 벌[오탄벌]　　　낮 한때[나탄때]

꽃 한 송이[꼬탄송이]　숱하다[수타다]

2. 'ㅎ(ㄴㅎ, ㄹㅎ)' 뒤에 'ㅅ'이 결합되는 경우에는, 'ㅅ'을 [ㅆ]으로 발음한다.

닿소[다:쏘]　　　　　　많소[만:쏘]

싫소[실쏘]

3. 'ㅎ' 뒤에 'ㄴ'이 결합되는 경우에는, [ㄴ]으로 발음한다.

놓는[논는]　　　　　　쌓네[싼네]

[붙임] 'ㄴㅎ, ㄹㅎ' 뒤에 'ㄴ'이 결합되는 경우에는, 'ㅎ'을 발음하지 않

는다.

않네[안네]	않는[안는]
뚫네[뚤네→뚤레]	뚫는[뚤는→뚤른]

* '뚫네[뚤네→뚤레], 뚫는[뚤는→뚤른]'에 대해서는 제20항 참조.

4. 'ㅎ(ㄶ, ㅀ)' 뒤에 모음으로 시작된 어미나 접미사가 결합되는 경우에는, 'ㅎ'을 발음하지 않는다.

낳은[나은]	놓아[노아]
쌓이다[싸이다]	많아[마:나]
않은[아는]	닳아[다라]
싫어도[시러도]	

해설

본 조항은 받침으로 쓰이는 'ㅎ'의 발음에 대한 규정이다. 'ㅎ'은 받침으로 사용할 때 제 음가를 발음하지 못한다.

1. 'ㅎ(ㄶ, ㅀ)' 뒤에 평음 'ㄱ, ㄷ, ㅈ'의 평음(예사소리)이 올 경우 '많고[만코], 많다[만타], 많지[만치]'처럼 축약돼 격음인 [ㅋ, ㅌ, ㅊ] 으로 발음된다. 다만 '싫증'에서는, 'ㅎ'과 'ㅈ'이 [ㅊ]으로 축약되지 않고 [실쯩]으로 발음된다. [붙임]의 경우처럼 'ㅎ'이 받침 뒤에 올 경우에도 축약돼 격음으로 발음된다. '먹히다[머키다], 잡히다[자피다], 맏형[마텽], 넓히다[널피다]'의 예를 들 수 있다.

반면 'ㅎ' 앞에 있는 자음이 대표음으로 바뀌거나 또는 겹받침의 경우 자음이 탈락하는 자음군 단순화가 적용된 후 'ㅎ'과 축약된다. 즉 'ㅌ, ㅅ, ㅈ, ㅊ'의 경우 대표음 'ㄷ'으로 먼저 바뀌고 뒤의 'ㅎ'과 결합하여 격음으로 축약된다. '낮 한때[낟한때→나탄때], 닭 한 마리 [닥한마리→다칸마리]로 발음한다.

2. 'ㅎ(ㄶ, ㅀ)' 뒤에 'ㅅ'이 결합하는 경우에는 'ㅎ'을 발음하지 않고 그 대신 '닿소[다쏘], 많소[만쏘]'처럼 'ㅅ'을 [ㅆ]으로 발음한다.

3. 'ㅎ' 뒤에 'ㄴ'이 결합될 경우에는 'ㅎ'을 [ㄴ]으로 발음한다. 이 경우는 '놓는[논는→논는], 쌓네[싼네→싼네]'와 같이 발음하는 것이 원칙이다. [붙임]에서는 'ㄶ, ㅀ' 뒤에 'ㄴ'이 결합하는 경우를 설명하고 있다. 이때에는 'ㅎ'이 발음되지 않고 앞의 자음인 'ㄴ'과 'ㄹ'이 발음된다. 따라서 '않네'는 [안네], '뚫네'는 [뚤네→뚤레]로 발음된다.

4. 'ㅎ' 뒤에 모음으로 시작하는 어미나 접미사가 결합되는 경우에 '낳은[나은], 많아[마나], 싫어[시러]'처럼 'ㅎ'은 발음되지 않는다. 일종의 'ㅎ' 탈락 현상이다. 그러나 한자어나 합성어, 접미사의 결합일 경우 모음, 'ㄴ, ㅁ, ㅇ, ㄹ'과 'ㅎ'이 결합할 경우 '고향, 전화, 경험, 경영학, 피곤하다, 셈하다, 신설하다'와 같은 단어에서 'ㅎ'을 발음한다. 다만 '실학, 철학, 실하다'의 경우는 'ㄹ'을 연음시키면서 'ㅎ'을 발음한다.

제13항 홑받침이나 쌍받침이 모음으로 시작된 조사나 어미, 접미사와 결합되는 경우에는, 제 음가대로 뒤 음절 첫소리로 옮겨 발음한다.

깎아[까까]   옷이[오시]

있어[이써]	낮이[나지]
꽂아[꼬자]	꽃을[꼬츨]
쫓아[쪼차]	밭에[바테]
앞으로[아프로]	덮이다[더피다]

해설

본 조항은 홑받침이나 쌍받침이 모음으로 시작된 조사나 어미, 접미사와 결합되는 경우에는, 제 음가대로 뒤 음절 첫소리로 옮겨 발음한다. 일종의 받침을 그대로 옮겨 뒤 음절 초성으로 발음하는 연음규칙이다.

제14항 겹받침이 모음으로 시작된 조사나 어미, 접미사와 결합되는 경우에는, 뒤엣것만을 뒤 음절 첫소리로 옮겨 발음한다.(이 경우, 'ㅅ'은 된소리로 발음함.)

넋이[넉씨]	앉아[안자]
닭을[달글]	젊어[절머]
곬이[골씨]	핥아[할타]
읊어[을퍼]	값을[갑쓸]
없어[업ː써]	

해설

본 조항은 제13항과 더불어 받침의 연음에 대해 규정하고 있다. 제

260 한국어 말소리의 이해

13항에 이어 본 14항은 겹받침에 관한 것이다. 즉 겹받침이 모음으로 시작된 조사나 어미, 접미사와 결합되는 경우에는, '넋이[넉씨], 앉아[안자], 닭이[달기], 흙을[흘글]'의 경우처럼 뒤엣것만을 뒤 음절 첫소리로 옮겨 발음한다. 다만 겹받침의 두 번째 자음이 'ㅅ'인 'ㄳ, ㄽ, ㅄ'의 경우 연음이 될 때 'ㅅ' 대신 [ㅆ]으로 발음된다. '값이[갑씨], 넋을[넉쓸], 몫이[목씨], 없어[업ː써] 등과 같다.

제15항 받침 뒤에 모음 'ㅏ, ㅓ, ㅗ, ㅜ, ㅟ' 들로 시작되는 실질형태소가 연결되는 경우에는, 대표음으로 바꾸어서 뒤 음절 첫소리로 옮겨 발음한다.

밭 아래[바다래]	늪 앞[느밥]
젖어미[저더미]	맛없다[마덥따]
겉옷[거돋]	헛웃음[허두슴]
꽃 위[꼬뒤]	

다만, '맛있다, 멋있다'는 [마싣따], [머싣따]로도 발음할 수 있다.

[붙임] 겹받침의 경우에는, 그중 하나만을 옮겨 발음한다.

넋 없다[너겁따]	닭 앞에[다가페]
값어치[가버치]	값있는[가빈는]

해설

본 조항은 받침을 가진 말 뒤에 모음으로 시작하는 실질형태소가 올 경우에 관련된 규정이다. 실질형태소일 때에는 받침이 우선 대표음인 [ㅂ, ㄷ, ㄱ] 중 하나로 바뀐 후 뒤 음절의 초성으로 옮겨 발음된다. 단 받침 뒤에 오는 모음을 'ㅏ, ㅓ, ㅗ, ㅜ, ㅟ'로 한정하고 있다.

'밭 아래[받아래→바다래], 늪 앞[늡압→느밥], 헛웃음[헏우슴→허두슴], 닭 앞에[닥아페→다가페], 값어치[갑어치→가버치], 맛 있다[맏읻다→마딛따]'

'닭 앞에'처럼 겹받침의 경우에는 어느 한 음소가 탈락되고, 그 다음 받침이 뒤로 이동해 발음한다. 그리고 '값어치'의 경우에서 '-어치'는 접미사로 실질형태소가 아니라 [갑서치]로 연음돼 발음해야 하지만 'ㅅ'이 탈락되고 'ㅂ'이 뒤로 이동해 발음한 특이한 경우이다. 또한 '맛있다, 멋있다'의 경우 원래 규정대로라면 '맛, 멋'의 'ㅅ'이 대표음 [ㄷ]으로 바뀐 후 뒤로 이동하여 '[마딛따], [머딛따]'가 올바른 발음이지만 현실 발음에서 '[마싣따], [머싣따]'로 발음하는 경우가 많아 표준 발음으로 인정하고 있다.

그리고 모음을 'ㅏ, ㅓ, ㅗ, ㅜ, ㅟ'로 한정한 이유는 '앞일[압닐→암닐], 꽃잎[꼳닙→꼰닙]' 등과 같이 'ㅣ, ㅑ, ㅕ, ㅛ, ㅠ'와 결합하면 바로 연음 규칙[압일→아빌, 꼳입→꼬딥]'이 되지 않고 뒷말의 초성에 'ㄴ'이 첨가된 후 다시 첨가된 'ㄴ'에 의해 앞말의 받침이 동화되기 때문이다.

제16항 한글 자모의 이름은 그 받침소리를 연음하되, 'ㄷ, ㅈ, ㅊ, ㅋ, ㅌ, ㅍ, ㅎ'의 경우에는 특별히 다음과 같이 발음한다.

디귿이[디그시]	디귿을[디그슬]
디귿에[디그세]	지읒이[지으시]
지읒을[지으슬]	지읒에[지으세]
치읓이[치으시]	치읓을[치으슬]
치읓에[치으세]	키읔이[키으기]
키읔을[키으글]	키읔에[키으게]
티읕이[티으시]	티읕을[티으슬]
티읕에[티으세]	피읖이[피으비]
피읖을[피으블]	피읖에[피으베]
히읗이[히으시]	히읗을[히으슬]
히읗에[히으세]	

해설

본 조항은 자음 글자의 받침이 있을 경우 모음으로 시작하는 형식 형태소가 오면 연음하지 않고 현실 발음을 적용한 규정이다. '디귿이 [디그디→디그시], 지읒이[지으지→지으시], 치읓이[치으치→치으시], 키읔이[키으키→키으기], 피읖이[피으피→피으비]' 등으로 발음한다.

그러나 다른 단어의 현실 발음을 인정하지 않고, 자음 명칭에만 현실 발음을 인정한 경우라 특이한 규정으로 본다. '부엌이[부어키], 닭을[달글], 솥을[소틀], 무릎을[무르플], 꽃이[꼬치]' 등이 표준 발음이지만 실제 많은 사람이 '부엌이[부어기], 닭을[다글], 솥을[소슬], 무릎을[무르블], 꽃이[꼬시]' 등으로 발음한다.

제5장 음의 동화

> **제17항** 받침 'ㄷ, ㅌ(ㄸ)'이 조사나 접미사의 모음 'ㅣ'와 결합되는 경우에는, [ㅈ, ㅊ]으로 바꾸어서 뒤 음절 첫소리로 옮겨 발음한다.
>
> | | |
> |---|---|
> | 곧이듣다[고지듣따] | 굳이[구지] |
> | 미닫이[미ː다지] | 땀받이[땀바지] |
> | 밭이[바치] | 벼훑이[벼훌치] |
>
> [붙임] 'ㄷ' 뒤에 접미사 '히'가 결합되어 '티'를 이루는 것은 [치]로 발음한다.
>
> | | |
> |---|---|
> | 굳히다[구치다] | 닫히다[다치다] |
> | 묻히다[무치다] | |

해설

본 조항은 구개음화에 대한 규정이다. 끝소리가 ㄷ, ㅌ(ㄸ)'인 형태소가 '이' 혹은 반모음 'ㅣ'로 시작되는 형식형태소와 만나면 경구개음 [ㅈ, ㅊ]으로 발음된다. 이 현상은 치조음인 'ㄷ, ㅌ'이 경구개음 근처에서 발음되는 모음 'ㅣ'의 조음 위치에서 경구개음 'ㅈ, ㅊ'으로 바뀐 것이기 때문에 일종의 역행동화로 자음·모음 간의 동화이다. 그리고 [붙임]에서 'ㄷ' 뒤에 접미사 '히'가 결합되어 '티'를 이루는 것은 자음 축약 후에 경구개음 [치]로 발음한 것이다.

제18항 받침 'ㄱ(ㄲ, ㅋ, ㄳ, ㄺ), ㄷ(ㅅ, ㅆ, ㅈ, ㅊ, ㅌ, ㅎ), ㅂ(ㅍ, ㄼ, ㄿ, ㅄ)'은 'ㄴ, ㅁ' 앞에서 [ㅇ, ㄴ, ㅁ]으로 발음한다.

먹는[멍는]	국물[궁물]
깎는[깡는]	키읔만[키응만]
몫몫이[몽목씨]	긁는[긍는]
흙만[흥만]	닫는[단는]
짓는[진:는]	옷맵시[온맵씨]
있는[인는]	맞는[만는]
젖멍울[전멍울]	쫓는[쫀는]
꽃망울[꼰망울]	붙는[분는]
놓는[논는]	잡는[잠는]
밥물[밤물]	앞마당[암마당]
밟는[밤:는]	읊는[음는]
없는[엄:는]	

[붙임] 두 단어를 이어서 한 마디로 발음하는 경우에도 이와 같다.

책 넣는다[챙넌는다] 흙 말리다[흥말리다] 옷 맞추다[온맏추다]

　밥 먹는다[밤멍는다]　　　값 매기다[감매기다]

해설

　본 조항은 비음화 현상에 대한 규정이다. 받침 'ㄱ, ㄷ, ㅂ' 뒤에 비음인 'ㄴ, ㅁ'이 올 때 동일한 조음 위치에 있는 공명음으로 발음되는 규칙이다. 즉, 폐쇄음인 'ㄱ'은 공명 비음인 'ㅇ'으로, 폐쇄음인 'ㄷ'

은 공명 비음인 'ㄴ'으로, 폐쇄음 인 'ㅂ'은 공명 비음인 'ㅁ'으로 바뀐다. 이는 뒤에 오는 비음 'ㄴ, ㅁ'의 영향이므로 비음동화라고 한다.

이러한 현상은 앞 음절의 받침이 'ㄱ, ㄷ, ㅂ'이 아닌 경우에도 대표음화로 인해 비음화 현상이 적용된다. 즉, 'ㄲ, ㅋ, ㄳ, ㄺ→ㄱ', 'ㅅ, ㅆ, ㅈ, ㅊ, ㅌ, ㅎ→ㄷ', 'ㅍ, ㄼ, ㄿ, ㅄ→ㅂ'과 같이 [ㄱ, ㄷ, ㅂ]으로 발음되기 때문이다. 그리고 '밥 먹는다[밤멍는다], 값 매기다[갑매기다→감매기다]'와 같이 두 단어를 이어서 한 마디로 발음하는 경우에도 비음화 현상이 적용된다.

제19항 받침 'ㅁ, ㅇ' 뒤에 연결되는 'ㄹ'은 [ㄴ]으로 발음한다.

담력[담:녁]	침략[침:냑]
강릉[강능]	항로[항:노]
대통령[대:통녕]	

[붙임] 받침 'ㄱ, ㅂ' 뒤에 연결되는 'ㄹ'도 [ㄴ]으로 발음한다.

막론[막논→망논]	석류[석뉴→성뉴]
협력[협녁→혐녁]	법리[법니→범니]

해설

본 조항은 비음화 현상으로 받침 'ㅁ, ㅇ' 뒤에 연결되는 'ㄹ'은 [ㄴ]으로 발음한다는 규정이다. '담력[담녁], 종로[종노]' 등에서처럼 앞의 받침 비음으로 뒤의 'ㄹ'이 비음으로 바뀌는 일종의 순행동화이다.

[붙임]에서는 받침 'ㄱ, ㅂ' 뒤에 연결되는 'ㄹ'도 [ㄴ]으로 발음한다. '막론[막논→망논], 석류[석뉴→성뉴], 협력[협녁→혐녁], 법리[법니→범니]'로 돼 'ㄱ, ㅂ' 뒤에서는 'ㄹ'이 'ㄴ'으로 바뀐 후 다시 'ㄴ'에 의해 선행하는 'ㄱ, ㅂ'이 'ㅇ, ㅁ'으로 바뀐다. 이 경우 'ㄹ'이 'ㄴ'으로 먼저 바뀌는 이유는 받침 뒤에 초성 'ㄹ'이 오려면 받침이 'ㄹ'로 끝나는 경우이다. '칼날[칼랄], 난로[날로]'에서처럼 일종의 설측음화 현상이다. 또한 '몇리'의 경우는 '몇리[면리→면니→면니]'가 되어 음절 종성 규칙에 의해 'ㄷ'으로 바뀌고, 'ㄹ'이 'ㄴ'으로 된 다음에 다시 'ㄷ'이 'ㄴ'으로 바뀌는 비음동화 현상이다.

제20항 'ㄴ'은 'ㄹ'의 앞이나 뒤에서 [ㄹ]로 발음한다.

(1) 난로[날:로]   신라[실라]
    천리[철리]   광한루[광:할루]
    대관령[대:괄령]

(2) 칼날[칼랄]   물난리[물랄리]
    줄넘기[줄럼끼]   할는지[할른지]

[붙임] 첫소리 'ㄴ'이 'ㅀ', 'ㄾ' 뒤에 연결되는 경우에도 이에 준한다.
    닳는[달른]   뚫는[뚤른]
    핥네[할레]

다만, 다음과 같은 단어들은 'ㄹ'을 [ㄴ]으로 발음한다.
    의견란[의:견난]   임진란[임:진난]

생산량[생산냥] 결단력[결딴녁]

공권력[공꿘녁] 동원령[동:원녕]

상견례[상견녜] 횡단로[횡단노]

이원론[이:원논] 입원료[이붠뇨]

구근류[구근뉴]

해설

　본 조항은 유음화 현상에 대한 규정이다. 'ㄴ'은 'ㄹ'의 앞이나 뒤에서 [ㄹ]로 발음한다. '칼날[칼랄], 물난리[물랄리]'처럼 받침 'ㄹ' 뒤에 오는 초성 'ㄴ'은 설측음화 현상으로 반드시 'ㄹ'로 발음된다. 그러나 받침 'ㄴ' 뒤에 오는 'ㄹ'은 반드시 그런 것은 아니다. '난로[날:로], 신라[실라]'의 경우와 '의견란[의:견난], 임진란[임:진난]'의 경우처럼 오히려 'ㄹ'이 'ㄴ'으로 바뀌어 비음동화가 일어나기도 한다. 이 경우는 [붙임]의 다만에서 '의견-란, 생산-량, 결단-력, 동원-령, 입원-료' 등과 같이 'ㄴ'으로 끝나는 2음절 한자어 뒤에 'ㄹ'로 시작하는 한자가 결합할 때에는 'ㄹ'이 'ㄴ'으로 바뀌는 경향이 강하다.

제21항 위에서 지적한 이외의 자음 동화는 인정하지 않는다.

감기[감:기](×[강:기]) 옷감[옫깜](×[옥깜])

있고[읻꼬](×[익꼬]) 꽃길[꼳낄](×[꼭낄])

젖먹이[전머기](×[점머기]) 문법[문뻡](×[뭄뻡])

꽃밭[꼳빧](×[꼽빧])

268 한국어 말소리의 이해

본 조항은 표준 발음을 인정하지 않은 것에 대해 규정하고 있다. 자음동화는 '국민[궁민], 닫는[단는], 밥물[밤물]'처럼 저지음인 'ㄱ, ㄷ, ㅂ'이 공명 비음인 'ㅇ, ㄴ, ㅁ'으로 바뀌는 것인데, 본항에서 언급하고 있는 것은 '감기[강ː기]'의 경우 앞 음절의 받침인 'ㅁ'이 뒤에오는 연구개음 'ㄱ'과 조음 위치가 다르므로 조음 위치를 같게 하기위해 'ㅁ'을 'ㅇ'으로 한 일종의 연구개음화 현상이다. '문법[뭄뻡]'의 경우도 'ㄴ'이 뒤에 오는 'ㅂ'과 조음 위치가 달라 동일하게 하기위해 'ㄴ'을 'ㅁ'으로 발음한 양순음화 현상이다. 이는 조음 위치가같아 발음의 편리를 인정한 것이지만 표준발음으로 인정하지 않은발음이다. 그 이유는 저지음이 공명음으로 바뀐 것이 아니고, 발음도수의적일 수 있기 때문이다. 예를 들어 '옷감'의 경우 [온깜, 옥깜, 오깜] 등 다양하게 발음할 수 있다.

제22항 다음과 같은 용언의 어미는 [어]로 발음함을 원칙으로 하되, [여]로 발음함도 허용한다.

되어[되어/되여]   피어[피어/피여]

[붙임] '이오, 아니오'도 이에 준하여 [이요, 아니요]로 발음함을 허용한다.

본 조항은 'ㅣ' 모음 순행동화에 관한 규정이다. 'ㅣ'로 끝나는 어

간 뒤에 '어'로 시작하는 어미가 올 때 '어'를 [ㅕ]로 발음하는 현상이다. '어'를 [ㅕ]로 발음하는 것은 반모음 'ㅣ [j]'가 첨가된 것이다. 그러나 '세어, 개어, 패어' 등에서처럼 'ㅔ'와 'ㅐ' 뒤에서는 반모음 'ㅣ [j]'가 첨가되는 것을 표준 발음으로 인정하지 않는다. 이는 15세기에는 'ㅔ, ㅐ, ㅚ, ㅟ'가 이중모음이었으므로 가능했지만 현재는 단모음이므로 인정하지 않는 맥락이다. 다만 '되어[되어/되여]'로, '쥐어[쥐어/쥐여]'를 인정한 것은 'ㅚ'와 'ㅟ'를 이중모음(단모음+반모음)으로 다루어 반모음 'ㅣ [j]'가 첨가된 것으로 본 것이다. 따라서 이를 표준 발음으로 인정하는 것은 논란의 여지가 있다.

제6장 경음화

제23항 받침 'ㄱ(ㄲ, ㅋ, ㄳ, ㄺ), ㄷ(ㅅ, ㅆ, ㅈ, ㅊ, ㅌ), ㅂ(ㅍ, ㄼ, ㄿ, ㅄ)' 뒤에 연결되는 'ㄱ, ㄷ, ㅂ, ㅅ, ㅈ'은 된소리로 발음한다.

국밥[국빱]	깎다[깍따]
넋받이[넉빠지]	삯돈[삭똔]
닭장[닥짱]	칡범[칙뻠]
뻗대다[뻗때다]	옷고름[옫꼬름]
있던[읻떤]	꽂고[꼳꼬]
꽃다발[꼳따발]	낯설다[낟썰다]
밭갈이[받까리]	솥전[솓쩐]

곱돌[곱똘]	덮개[덥깨]
옆집[엽찝]	넓죽하다[넙쭈카다]
읊조리다[읍쪼리다]	값지다[갑찌다]

본 조항은 받침 'ㄱ(ㄲ, ㅋ, ㄳ, ㄺ), ㄷ(ㅅ, ㅆ, ㅈ, ㅊ, ㅌ), ㅂ(ㅍ, ㄼ, ㄿ, ㅄ)' 뒤에 연결되는 'ㄱ, ㄷ, ㅂ, ㅅ, ㅈ'은 된소리로 발음한다는 규정이다. 'ㄱ, ㄷ, ㅂ'과 같이 종성으로 발음되는 파열음 뒤에 저지음(장애음) 계열의 자음이 오면 된소리가 난다.

제24항 어간 받침 'ㄴ(ㄵ), ㅁ(ㄻ)' 뒤에 결합되는 어미의 첫소리 'ㄱ, ㄷ, ㅅ, ㅈ'은 된소리로 발음한다.

신고[신ː꼬]	껴안다[껴안따]
앉고[안꼬]	얹다[언따]
삼고[삼ː꼬]	더듬지[더듬찌]
닮고[담ː꼬]	젊지[점ː찌]

다만, 피동, 사동의 접미사 '-기-'는 된소리로 발음하지 않는다.

안기다	감기다
굶기다	옮기다

본 조항은 비음으로 끝나는 용언 어간 받침 'ㄴ(ㄵ), ㅁ(ㄻ)' 뒤에

결합되는 어미의 첫소리 'ㄱ, ㄷ, ㅅ, ㅈ'은 된소리로 발음한다는 규정이다. 다만, 피동, 사동의 접미사 '-기-'는 된소리로 발음하지 않는다. 그리고 '산도[산도], 산과[산과], 바람도[바람도], 바람과[바람과]'처럼 체언에 조사가 결합하는 경우에는 된소리로 발음하지 않는다. 또한 '안기[안:끼], 남기[남:끼]'에서처럼 용언의 명사형 어미가 결할 경우에는 된소리로 발음한다.

제25항 어간 받침 'ㄼ, ㄾ' 뒤에 결합되는 어미의 첫소리 'ㄱ, ㄷ, ㅅ, ㅈ'은 된소리로 발음한다.

넓게[널게]   핥다[할따]
훑소[훌쏘]   떫지[떨:찌]

해설

본 조항은 어간 겹받침 'ㄼ, ㄾ' 뒤에 결합되는 어미의 첫소리 'ㄱ, ㄷ, ㅅ, ㅈ'은 된소리로 발음한다는 규정이다. 그러나 '여덟도[여덜도], 여덟과[여덜과]'의 경우처럼 체언에 조사가 결합할 경우에는 된소리로 발음하지 않는다. 그리고 받침 'ㄹ'로 끝나는 용언 어간 뒤에 결합되는 어미에서는 '울고[울고], 살고[살고], 울더니[울더니], 살지[살지]'처럼 된소리로 발음하지 않는다.

제26항 한자어에서, 'ㄹ' 받침 뒤에 연결되는 'ㄷ, ㅅ, ㅈ'은 된소리로 발음한다.

갈등[갈뜽]	발동[발똥]
절도[절또]	말살[말쌀]
불소[불쏘](弗素)	일시[일씨]
갈증[갈쯩]	물질[물찔]
발전[발쩐]	몰상식[몰쌍식]
불세출[불쎄출]	

다만, 같은 한자가 겹쳐진 단어의 경우에는 된소리로 발음하지 않는다.

허허실실[허허실실](虛虛實實)

절절-하다[절절하다](切切-)

해설

본 조항은 한자어에서 'ㄹ' 받침 뒤에 연결되는 'ㄷ, ㅅ, ㅈ'은 된소리로 발음한다는 규정이다. '갈등[갈뜽], 일시[일씨], 갈증[갈쯩]' 등 'ㄹ' 받침 뒤에 'ㄷ, ㅅ, ㅈ'의 경우만 된소리로 나고 'ㅂ'이나 'ㄱ'의 경우는 '물건[물건], 절기[절기], 출발[출발], 활보[활보]' 등의 경우처럼 된소리로 발음하지 않는다. 그 이유는 혀의 앞 부분을 들어 올려 위잇몸(치조)이나 센입천장(경구개)에서 저지하여 내는 소리인 설정성(舌頂性) 자질 때문이다. 즉 전방성의 양순음이나 후위성의 연구개음에서는 된소리로 발음되지 않는다.

제27항 관형사형 '-(으)ㄹ' 뒤에 연결되는 'ㄱ, ㄷ, ㅂ, ㅅ, ㅈ'은 된소리로 발음한다.

할 것을[할꺼슬]	갈 데가[갈떼가]
할 바를[할빠를]	할 수는[할쑤는]
할 적에[할쩌게]	갈 곳[갈꼳]
할 도리[할또리]	만날 사람[만날싸람]

다만, 끊어서 말할 적에는 예사소리로 발음한다.

[붙임] '-(으)ㄹ'로 시작되는 어미의 경우에도 이에 준한다.

할걸[할걸]	할밖에[할빠께]
할세라[할쎄라]	할수록[할쑤록]
할지라도[할찌라도]	할지언정[할찌언정]
할진대[할찐대]	

해설

본 조항은 관형사형 '-(으)ㄹ' 뒤에 연결되는 'ㄱ, ㄷ, ㅂ, ㅅ, ㅈ'은 된소리로 발음한다는 규정이다. 그러나 '간 사람, 높은 하늘, 가는 사람, 먹는 일' 등의 경우처럼 관형사형 어미가 '-(으)ㄴ'이나 '-는' 뒤에서는 경음화가 일어나지 않는다.

제28항 표기상으로는 사이시옷이 없더라도, 관형격 기능을 지니는 사이시옷이 있어야 할(휴지가 성립되는) 합성어의 경우에는,

뒤 단어의 첫소리 'ㄱ, ㄷ, ㅂ, ㅅ, ㅈ'을 된소리로 발음한다.

문-고리[문꼬리]	눈-동자[눈똥자]
신-바람[신빠람]	산-새[산쌔]
손-재주[손째주]	길-가[길까]
물-동이[물똥이]	발-바닥[발빠닥]
굴-속[굴ː쏙]	술-잔[술짠]
바람-결[바람껼]	그믐-달[그믐딸]
아침-밥[아침빱]	잠-자리[잠짜리]
강-가[강까]	초승-달[초승딸]
등-불[등뿔]	창-살[창쌀]
강-줄기[강쭐기]	

해설

　본 조항은 합성어로 이루어지고 선행 명사 받침이 공명음이어야
하며 뒤의 명사 첫 소리가 'ㄱ,ㄷ,ㅂ,ㅅ,ㅈ'일 경우에 된소리로 발음
된다는 규정이다. 이는 사잇소리 현상의 일종으로 관형격 기능을 지
니는 사이시옷이 받침이 있어 생략된 것이다. 중세국어에서는 '등
ㅅ불, 길ㅅ가새, 눈ㅅ믈' 등처럼 받침이 있어도 사이시옷을 표기하
였다.

제7장 음의 첨가

제29항 합성어 및 파생어에서, 앞 단어나 접두사의 끝이 자음이고 뒤 단어나 접미사의 첫음절이 '이, 야, 여, 요, 유'인 경우에는, 'ㄴ' 음을 첨가하여 [니, 냐, 녀, 뇨, 뉴]로 발음한다.

솜-이불[솜ː니불]　　　　　홑-이불[혼니불]

막-일[망닐]　　　　　　　삯-일[상닐]

맨-입[맨닙]　　　　　　　꽃-잎[꼰닙]

내복-약[내ː봉냑]　　　　　한-여름[한녀름]

남존-여비[남존녀비]　　　 신-여성[신녀성]

색-연필[생년필]　　　　　 직행-열차[지캥녈차]

늑막-염[능망념]　　　　　 콩-엿[콩녇]

담-요[담ː뇨]　　　　　　　 눈-요기[눈뇨기]

영업-용[영엄뇽]　　　　　 식용-유[시굥뉴]

백분-율[백뿐뉼]　　　　　 밤-윷[밤ː뉻]

다만, 다음과 같은 말들은 'ㄴ' 음을 첨가하여 발음하되, 표기대로 발음할 수 있다.

이죽-이죽[이중니죽/이주기죽]

야금-야금[야금냐금/야그먀금]

검열[검ː녈/거ː멸]

욜랑-욜랑[욜랑뇰랑/욜랑욜랑]

금융[금늉/그뮹]

[붙임 1] '르' 받침 뒤에 첨가되는 'ㄴ' 음은 [ㄹ]로 발음한다.

들-일[들ː릴]   솔-잎[솔립]

설-익다[설릭따]   물-약[물략]

불-여우[불려우]   서울-역[서울력]

물-엿[물렫]   휘발-유[휘발류]

유들-유들[유들류들]

[붙임 2] 두 단어를 이어서 한 마디로 발음하는 경우에도 이에 준한다.

한 일[한닐]   옷 입다[온닙따]

서른여섯[서른녀섣]   3연대[삼년대]

먹은 엿[머근녇]   할 일[할릴]

잘 입다[잘립따]   스물여섯[스물려섣]

1연대[일련대]   먹을 엿[머글렫]

예시어 중 '서른여섯[서른녀섣]', '스물여섯[스물려섣]'을 한
단어로 보느냐 두 단어로 보느냐에 대하여 논란의 여지가 있으
나, 여기에서는 고시본에서 제시한 대로 두기로 한다.

다만, 다음과 같은 단어에서는 'ㄴ(ㄹ)' 음을 첨가하여 발음하지
않는다.

6·25[유기오]   3·1절[사밀쩔]

송별-연[송ː벼련] 등-용문[등용문]

해설

본 조항은 'ㄴ' 첨가 현상에 대한 규정이다. 합성어 및 파생어에서,

앞 단어나 접두사의 끝이 자음이고 뒤 단어나 접미사의 첫음절이 '이, 야, 여, 요, 유'인 경우에는, 'ㄴ' 음을 첨가하여 [니, 냐, 녀, 뇨, 뉴]로 발음한다. 즉 반모음 'ㅣ[j]'로 시작하는 모든 이중 모음 앞에서 'ㄴ'이 첨가된다. 그리고 두 단어를 이어서 한 마디로 발음하는 경우에도 이에 준한다. 그러나 [붙임 1]에서 언급했듯이 앞말의 받침이 'ㄹ'일 경우에는 첨가된 'ㄴ'이 [ㄹ]로 발음된다. 이것은 설측음화 현상이다.

그러나 '등-용문[등용문], 몰-인정[모린정], 불-일치[부릴치]' 등처럼 접두사가 결합한 경우나 '송별-연[송벼련], 한국인[한구긴]' 등의 한자 계열의 접미사가 결합한 경우는 'ㄴ'이나 'ㄹ'을 첨가하지 않는다.

제30항 사이시옷이 붙은 단어는 다음과 같이 발음한다.

1. 'ㄱ, ㄷ, ㅂ, ㅅ, ㅈ'으로 시작하는 단어 앞에 사이시옷이 올 때는 이들 자음만을 된소리로 발음하는 것을 원칙으로 하되, 사이시옷을 [ㄷ]으로 발음하는 것도 허용한다.

냇가[내ː까/낻ː까]	샛길[새ː낄/샏ː낄]
빨랫돌[빨래똘/빨랟똘]	콧등[코뜽/콛뜽]
깃발[기빨/긷빨]	대팻밥[대ː패빱/대ː팯빱]
햇살[해쌀/핻쌀]	뱃속[배쏙/밷쏙]
뱃전[배쩐/밷쩐]	고갯짓[고개찓/고갣찓]

2. 사이시옷 뒤에 'ㄴ, ㅁ'이 결합되는 경우에는 [ㄴ]으로 발음한다.

콧날[콛날→콘날]　　　　　아랫니[아랟니→아랜니]

톳마루[톧:마루→톤:마루]　　뱃머리[밷머리→밴머리]

3. 사이시옷 뒤에 '이' 음이 결합되는 경우에는 [ㄴㄴ]으로 발음한다.

베갯잇[베갣닏→베갠닏]　　깻잎[깯닙→깬닙]

나뭇잎[나묻닙→나문닙]　　도리깻열[도리깯녈→도리깬녈]

뒷윷[뒫:늗→뒨:늗]

　본 조항은 사이시옷이 첨가된 단어에 대한 발음 규정이다. 우선 선행 명사 끝소리가 모음으로 끝나고 뒤에 오는 명사 첫소리가 'ㄱ, ㄷ, ㅂ, ㅅ, ㅈ'으로 시작할 경우에는 사이시옷을 적어 이들 자음만을 된소리로 발음하는 것을 원칙으로 하되, 사이시옷을 [ㄷ]으로 발음하는 것도 허용하는 규정이다.

　두 번째는 선행 명사 끝소리가 모음으로 끝나고 뒤에 오는 명사 첫소리가 'ㄴ, ㅁ'으로 시작할 경우에는 사이시옷이 첨가돼 [ㄴ]으로 발음하는 규정이다. 이는 '코+날'의 합성어가 '콧날[콘날→콘날]'로 발음되는 일종의 비음동화 현상이다.

　세 번째로 선행 명사 끝소리가 모음으로 끝나고 뒤에 오는 명사 첫소리가 '이' 또는 반모음 'ㅣ[j]'로 시작할 경우에는 [ㄴㄴ]으로 발음되는 규정이다. '나뭇잎[나묻닙→나문닙]'에서처럼 사이시옷이 먼저 첨가된 후 'ㄴ'이 첨가되고, 비음동화로 인해 [ㄷ]이 [ㄴ]으로 바뀌어 [ㄴㄴ]으로 발음된다.

고영근(2001), 『한국의 언어연구』, 역락.

권재일(1992), 『한국어 통사론』, 민음사.

김방한 외(1983), 『일반언어학』, 형설출판사.

_____ 외(1985), 『언어학개론』, 한국방통대 출판부.

김진우(1985), 『언어 : 그 이론과 응용』, 탑출판사.

_____(1986), 『현대언어학의 이해』, 한신문화사.

남기심 외(1977), 『언어학개론』, 탑출판사.

민덕규(2019), 「태국인 한국어 학습자의 한국어 발음 오류 분석 및 발음교육 방안 연구」, 인하대학교 교육대학원 석사학위논문.

박덕유(2016), 『한국어학의 이해』, 한국 문화사.

_____(2017), 『이해하기 쉬운 문법교육론』, 역락.

_____(2018), 『중세국어문법의 이론과 실제』, 박문사.

배주채(2003), 『한국어의 발음』, 삼경문화사.

배태영(1986), 『현대언어학개론』, 서린문화사.

성백인 외(1991), 『언어학개론』, 한국방송대학교출판부.

소두영(1986), 『언어학원론』, 숙대출판부.

신수송 역(2001), 『언어와 시간』, 역락.

이기동 외 역(1998), 『언어학개론』, 한국문화사.

이을환(1974), 『언어학개설』, 선명문화사.

_____(1991), 『言語學槪說』, 반도출판사.

임병빈 편(1993), 『언어의 이해』, 한국문화사.

이철수, 문무영, 박덕유(2010), 『언어와 언어학』, 역락.

李喆洙 역(1992), 『言語의 硏究』, 새문사.

_____(1997), 『한국어 음운학』, 인하대학교출판부.

이진호(2021) 『국어 음운론 강의』, 집문당.

임지룡 역(2003), 『언어학개론』, 한국문화사.

전나영(2015), 「한국어 학습자를 위한 발음 교육 방안」, 『새국어생활』 25-1.

허 용, 김선정(2006), 『외국어로서의 한국어 발음교육론』, 박이정.

픽셀 튀륵외쥬(2009:77~95),「초급 터키 학습자를 위한 한국어 발음 지도」, 『Journal of Korean Studies』 vol.10, Sofia, 에르지예스대학교.

메르베 카흐르만(2017),「터키 학습자의 한국어 발음 습득 연구」, 국외 한국어 전문가초청 연수회 자료집.

버쑤언하오(2009),『현대 베트남어 음운』, 귀년대출판부.

수 홍(2019),「유표성 차이 가설의 시각에서 한국어와 내몽골어 자음체계 대조 및 습득 순서 예측」,『한국어교육연구』 14-2.

Bloomfield, Leonard(1933). *Language,* New York: Henty Holt & Company.

Boonrit Koheng(Paphonphat Kobsirithiwara)(2015),「태국인 한국어 학습자 발음 교육 연구: 한국어 발음 지각 및 산출 실험을 활용하여」, 경희대학교 대학원 박사학위논문.

Bronstein, Arthur J.(1960), *The Pronunciation of American English: An Introduction to Phonetics,* New York: Appleton Century Crofts.

Clarence Sloat et al(1978), *Introduction to Phonology,* Prentice-Hall, Inc.

Demir Nurettin. Yilmaz Emine(2011:28), *Türkçe Ses Bilgisi(터키어 음운론)*, 아나톨리아대학교.

Dennis, Fry(1955), "duration and intensity as physical correlates of linguistic stress", *Journal of the Acoustical Society of America* 27.

Deny Jean(1995:129), *Türk Dili Gramerinin Temel Kuralları(터키어기본 문법규정)*, Türk Dil Kurumu 출판사.

Đoàn Thiện Thuật(2004), *Tiếng Việt(베트남어)*, Nhà xuất bản Thế giới(세계 출판사).

Erdem M. Dursun. Gul Munteha(2006), "Kapalı e Sesi Bağlamında Eski Anadolu Türkçesi Anadolu Ağızları İlişkisi", *Karadeniz Araştırmaları* Sayı 11.

Fry, Dennis(1955), "Duration and intensity as physical correlates of linguistic stress", *Journal of the Acoustical Society of America* 27.

George Yule(1985), *The study of language,* cambridge University Press.

H.Jamolxonov(2005), *Hozirgi O'zbek adabiy tili(현대 우즈벡 국어)*, 우즈베키스탄 교육부 출판사.

Harris, Zellig S.(1951). *Method in Structural Linguistics,* The University of Chicago Press.

_____(1951). *Structural Linguistics*, Phoenix Books, The University of Chicago Press.

Hockett, C. F.(1947=1957). "Problems of Morphemic Analysis", *Language* 23,. LSA., Joos, Martin ed.

Jones, D.(1962), *The Phoneme: Its Nature and Use*, Cambridge: Heffer.

Kenneth L. Pike(1976), *Phonemics,* Ann Arbor: The University of Michigan Press.

Kilic Mehmet Akif. Erdem Mevlut(2008), "Türkiye Türkçesi'ndeki Ünlülerin Sesbilgisel Özellikleri(투르크어에 속한 터키어의 모음적인 특징)", *Proceedings of the Tenth International Conference in Turkish Linguistics in İstanbul Boğaziçi University*, 카흐라만 마라슈 쉿취 이맘대학교.

Mai Ngọc Chừ(1997), *Cơ sở ngôn ngữ học và tiếng Việt*(언어학 기초 및 베트남어), 교육부.

M.Hamroyev 외(2007:23), *Ona tili(국어)*, 니자미 사범대학교 출판사.

Nguyễn Bạt Tụy(1958), *Ngôn ngữ học Việt Nam, Chữ và vần Việt khoa học*(베트남 언어학, 베트남어의 과학적 글자와 음운), Ngôn ngữ(언어).

Pike, Kenneth L.(1976), *Phonemics: A Technique for Reducing Language to Writing,* Ann Arbor: Univ. of Michigan Press.

Robins, R.H. (1964). *General Linguistics: An Introductory Surey,* London: Longman.

Sloat, Clarence et al.(1978). *Introduction to Phonology,* Prentice-Hall, Inc.

Sweet, Henry(1981=1898). *A New English Grammar: Logical and Historcal,* 2 vols. Oxford : Clarendon Press.

찾아보기